Rudolf G. Glos
PC-Schrauberschule
Notebooks selbst aufrüsten und reparieren

Rudolf G. Glos

PC-Schrauberschule

Notebooks
selbst aufrüsten und reparieren

Mit 222 Abbildungen

FRANZIS

Bibliografische Information der Deutschen Bibliothek
Die Deutsche Bibliothek verzeichnet diese Publikation in der Deutschen Nationalbibliografie; detaillierte Daten sind im Internet über **http://dnb.ddb.de** abrufbar.

Wichtiger Hinweis

Alle Angaben in diesem Buch wurden vom Autor mit größter Sorgfalt erarbeitet bzw. zusammengestellt und unter Einschaltung wirksamer Kontrollmaßnahmen reproduziert. Trotzdem sind Fehler nicht ganz auszuschließen. Der Verlag und der Autor sehen sich deshalb gezwungen, darauf hinzuweisen, dass sie weder eine Garantie noch die juristische Verantwortung oder irgendeine Haftung für Folgen, die auf fehlerhafte Angaben zurückgehen, übernehmen können. Für die Mitteilung etwaiger Fehler sind Verlag und Autor jederzeit dankbar.
Internetadressen oder Versionsnummern stellen den bei Redaktionsschluss verfügbaren Informationsstand dar. Verlag und Autor übernehmen keinerlei Verantwortung oder Haftung für Veränderungen, die sich aus nicht von ihnen zu vertretenden Umständen ergeben.
Evtl. beigefügte oder zum Download angebotene Dateien und Informationen dienen ausschließlich der nicht gewerblichen Nutzung. Eine gewerbliche Nutzung ist nur mit Zustimmung des Lizenzinhabers möglich.

© 2007 Franzis Verlag GmbH, 85586 Poing

Alle Rechte vorbehalten, auch die der fotomechanischen Wiedergabe und der Speicherung in elektronischen Medien. Das Erstellen und Verbreiten von Kopien auf Papier, auf Datenträgern oder im Internet, insbesondere als PDF, ist nur mit ausdrücklicher Genehmigung des Verlags gestattet und wird widrigenfalls strafrechtlich verfolgt.

Die meisten Produktbezeichnungen von Hard- und Software sowie Firmennamen und Firmenlogos, die in diesem Werk genannt werden, sind in der Regel gleichzeitig auch eingetragene Warenzeichen und sollten als solche betrachtet werden. Der Verlag folgt bei den Produktbezeichnungen im Wesentlichen den Schreibweisen der Hersteller.

Herausgeber: Ulrich Dorn
Satz: DTP-Satz A. Kugge, München
art & design: www.ideehoch2.de
Druck: Legoprint S.p.A., Lavis (Italia)
Printed in Italy

ISBN 978-3-7723-6359-7

Vorwort

Ein Buch zum Thema „Notebooks selbst aufrüsten und reparieren" – muss das wirklich sein? Wir finden ja. Denn im Gegensatz zu anderen Büchern fängt dieses Buch dort an, wo andere aufhören oder gar davor warnen. Hier bekommen Sie die Grundlagen und das Know-how zum gezielten Aufrüsten und zur Reparatur Ihres Notebooks. Viele Notebook-Anwender wissen, dass ihr Gerät mehr Arbeitsspeicher oder eine größere Festplatte vertragen könnte, daher bevorzugen sie zunächst den einfacheren Weg und entrümpeln das Notebook, was in vielen Ratgebern zum Thema PC aufrüsten auch für PCs empfohlen wird. Dies hat zwar nichts mit einem Aufrüsten als solches zu tun und es ist grundsätzlich keine schlechte Idee, Ordnung zu schaffen und Übersicht zu halten – doch irgendwann ist jedes Notebook zu langsam, die Festplatte pfeift aus dem letzten Loch, und das gleiche Entrümpelungsspielchen beginnt von vorn.

Gerade bei einem lieb gewonnenen Notebook, das schon ein paar Jahre auf dem Buckel hat, macht eine größere Festplatte oder ein Arbeitsspeicherausbau den weiteren Betrieb noch interessanter. Und vor allem mit neuen Aufrüst- bzw. Reparaturmöglichkeiten, wie beispielsweise dem Austausch des Mainboards oder des LCD-Bildschirms, lässt sich selbst bei schwierigen Notebook-Modellen viel Geld sparen. Da manche im Notebook verbauten Komponenten unabhängig vom Hersteller des Geräts in der Regel gleich sind, können Sie je nach Umbau- bzw. Reparaturmaßnahme auch ein anderes Modell oder Einzelkomponenten gezielt suchen. Nutzen Sie eine Auktionsplattform wie eBay, um besonders günstig einzukaufen. Egal ob Sie ein defektes Notebook ausschlachten oder ein(e) Einzelkomponente(n) gezielt nachkaufen – Sie sparen so oder so Geld. Zum Vergleich: Hersteller verlangen meist nicht nur eine sogenannte Servicegebühr, die bis zu 150 Euro betragen kann, sondern auch die eventuellen Ersatzteile sowie die „fachmännischen" Einbaukosten wandern hier mit auf die Rechnung.

Den Weg von der Kreisklasse zur Champions League in Sachen Notebook-Reparatur und Aufrüstung verrät dieses Buch. Hier lesen Sie, wie Sie eine Notebook-Festplatte für spätere Einsatzzwecke wie Festplatten-Klonen oder -Tausch komplett sichern und wieder einspielen, damit auch Windows Vista nach Abschluss der Reparaturmaßnahme wieder reibungslos funktioniert. Aber auch das leidige Thema Akkulaufzeiten und das damit verbundene Power-Management kommen hier nicht zu kurz. Lesen Sie, wie Sie einen alten Notebook-Akku mit der Zykel-Technik wieder zum Leben erwecken können. Im Idealfall haben Sie 100 Euro oder mehr für einen Ersatzakku gespart. Wer dieses Buch gründlich studiert, bekommt also nicht nur wertvolle Hilfestellung in Sachen Hardwareaufrüstung und Reparatur, sondern auch die wichtigsten Grundlagen im Umgang mit Windows Vista auf dem Notebook vermittelt. Lesen Sie, was beim Umstieg von Windows XP auf Vista bei einem Notebook zu beachten ist und wie der Datenbestand

Vorwort

vom Notebook auf einen anderen PC und zurück in Minutenschnelle synchronisiert werden kann.

Ein weiteres wichtiges Thema im Notebook-Alltag ist der richtige Umgang mit der drahtlosen Netzwerkverbindung. Trotz Windows Vista und seinen bunten Assistenten lauern hier verschiedene Fallstricke, bis eine Internetverbindung auch wirklich steht. Wer nicht nur zu Hause, sondern auch auf Reisen im Zug, im Hotel oder in der Wartehalle des Flughafens im Internet unterwegs sein möchte, der nutzt die Bluetooth-Schnittstelle für den Zugang ins Netz. Lange Zeit war die UMTS-Technik aus Kostengründen so beliebt wie die Beulenpest und etwas, das nur für Geschäftsleute mit dicken Geldbeuteln wirklich interessant war. Wer ein UMTS-taugliches Handy in der Hosentasche hat, der braucht keine teure UMTS-Erweiterungskarte für das Notebook mehr. Heute bieten die Provider UMTS-Flatrate-Zugänge fürs Handy an, die Sie mithilfe der Bluetooth-Schnittstelle anzapfen und auch auf dem Notebook für Ihre Zwecke nutzen können.

Mit diesem Buch steht der Aufrüstung, der Reparatur sowie dem problemlosen Einsatz Ihres Notebooks unter Windows Vista nichts mehr im Wege. Viel Spaß und Nutzen mit diesem Buch wünschen Ihnen

der Autor und der Verlag

Inhaltsverzeichnis

1	**Apple, Dell, Sony & Co. – Notebooks aufrüsten**	9
1.1	Notebook-Aufrüstmethoden im Überblick	10
1.2	Informationen und Einbauanleitungen besorgen	11
1.3	Vor dem Umbau – Festplatte sichern	14
1.4	Um- und Aufrüstarbeiten am Notebook	23
1.5	Notebook beschleunigen – Arbeitsspeicher aufrüsten	33
1.6	Mehr Platz schaffen – Festplatte tauschen	39
1.7	Hardcore-OP – Mainboard und Display wechseln	51
1.8	Blu-ray- und HD-DVD-Laufwerk nachrüsten	54
1.9	Mehr Strom für unterwegs – Akku wechseln	56

2	**Windows-Umstieg von XP auf Vista – Upgrade-Installation**	59
2.1	Vista-Upgrade-Installation – wichtige Vorbereitungen	60
2.2	Sony VAIO-Notebooks – Vista-Unterstützung selbst gebaut	74
2.3	Datenübernahme nach Windows Vista	80

3	**Windows Vista mit USB-Stick beschleunigen**	93
3.1	ReadyBoost nutzen mit SuperFetch	94
3.2	Einstecken, einschalten, läuft – Datenrettung über USB-Stick	101
3.3	USB-Stick als Windows-Passwort-Safe	103
3.4	Von Microsoft: automatisches Backup vom USB-Stick	106

4	**Mehr Strom – Power-Management bei Notebooks**	107
4.1	Auf dem Ökotrip – Stromverbrauch senken	108
4.2	Power-Management unter Windows Vista konfigurieren	112

Inhaltsverzeichnis

5	**Daten mit dem Desktop-PC synchronisieren und austauschen**	**117**
5.1	Drucker und Windows-Freigaben einrichten	119
5.2	Datenkarussell: vom Notebook zum PC und zurück	128

6	**WLAN und UMTS – drahtlos unterwegs**	**131**
6.1	Überblick: WLAN-Router sicher konfigurieren	133
6.2	Zum Einstecken – USB-WLAN-Stick	135
6.3	Mit dem Notebook im drahtlosen Netzwerk	136
6.4	Kein Internet unterwegs? – Surfen mit Handy und Notebook	149

	Stichwortverzeichnis	**157**

1 Apple, Dell, Sony & Co. – Notebooks aufrüsten

Egal ob das Notebook von Apple, Dell, Sony, IBM/-Lenovo, Fujitsu-Siemens oder einem anderen Hersteller kommt, die technische Entwicklung macht auch bei einem Notebook nicht Halt. Lässt sich ein Notebook mithilfe von Updates, Ergänzungen oder Neuinstallationen in Sachen Software und Betriebssystemunterstützung noch auf Jahre halbwegs aktuell halten, so hält sich dies bei den Hardwarekomponenten in Grenzen. Oft ist das neu gekaufte Notebook schon nach sechs Monaten technisch überholt oder nicht mehr auf dem aktuellen Stand der Technik.

Gerade wenn mit der Zeit Tausende von Fotos und Musikstücken auf die Festplatte wandern, Texte und Tabellen sowie Videofilme dafür sorgen, dass die Kapazität der Festplatte immer knapper wird: Je mehr Daten und Anwendungen auf der Festplatte sind, desto höher ist auch der Aufwand, diese Datenflut zu bewältigen und das Notebook schlank zu halten. Doch die Praxis schaut anders aus. Jeder spürt bei seinem Notebook, dass es immer länger dauert, Programme und Daten zu laden oder Windows Vista in Betrieb zu nehmen. Das muss nicht so bleiben. Wer sein Notebook aufrüstet oder ihm gar neue Komponenten spendiert, der bekommt das Gerät wieder flott – auch mit zwei linken Händen.

1.1 Notebook-Aufrüstmethoden im Überblick

Ob und welche Komponenten sich überhaupt austauschen oder aufrüsten lassen, hängt nicht nur vom Geldbeutel, sondern auch vom Notebook-Modell ab. Hier erhalten Sie die grundsätzlichen Möglichkeiten im Überblick, die in Sachen Notebook-Aufrüstung zur Verfügung stehen.

Jeder, der darüber nachdenkt, das Notebook mit neuen Komponenten auszustatten oder alte auszutauschen, sollte vorher überprüfen, welche überhaupt dafür geeignet sind. Hier steht als Informationsquelle zunächst das Handbuch des Notebooks zur Verfügung, in dem Sie zudem wichtige Informationen wie beispielsweise eine genaue Modellbezeichnung sowie Revision, Herstellungsdatum und vieles mehr finden, das bei der etwaigen Beschaffung eines Ersatzteils nahezu unumgänglich ist.

Aufrüstmethode	Bemerkung	Vor-/Nachteil
Arbeitsspeicher	Das Aufrüsten des Arbeitsspeichers ist gerade bei einem geplanten Vista-Einsatz sinnvoll und lässt sich von nahezu jedem Anwender selbst durchführen.	Einfach und sicher durchführbar. Es lässt sich eine Menge an Servicegebühren sparen.
Festplatte	Jedes Notebook besitzt in der Regel nur eine einzige Festplatte. Für den Umbau muss das Gehäuse geöffnet werden, und in diesem Fall erlischt die Garantie des Geräts.	Für den Tausch der Festplatte ist handwerkliches Geschick notwendig. Wer dieses mitbringt, kann die Speicherplatzkapazität des Notebooks nach Wunsch ausbauen.
USB-Flashlaufwerk	Einfach im Einsatz und sorgt bei einer zu geringen RAM-Menge im Notebook mithilfe der ReadyBoost-Funktion von Vista für mehr Geschwindigkeit.	Das Notebook muss die USB-2.0-Unterstützung mitbringen, um die Geschwindigkeit eines schnellen USB-Sticks nutzen zu können.
CD-/DVD-Brenner	Notebooks mit einem einfachen CD-ROM lassen sich mit einem Laufwerk mit Brennfunktionalität nachrüsten.	Verhältnismäßig teure Investition, falls das neue optische Laufwerk neu gekauft werden muss. Bei einem eBay-Schnäppchen kann das jedoch eine sinnvolle Aufrüstmaßnahme sein.
HD-DVD/Blu-ray-Laufwerk	Beide Geräte eignen sich bei einem Notebook nur als externe Lösung und zum Abspielen sowie Brennen von den neuen HD-Medien.	Da solche Laufwerke derzeit noch sehr teuer sind, empfiehlt es sich, diese als externe Laufwerke zu nutzen. So können Sie das Laufwerk anschließend nicht nur am Notebook, sondern auch am heimischen PC nutzen.
PCMCIA-/PC-Card	Egal ob Netzwerkkarte, TV-Karte, ISDN-Karte etc. – bietet das Notebook einen PCMCIA-Anschluss, lässt sich nahezu jede Technik nachrüsten.	Hier sind die Preisunterschiede bei den Herstellern groß. Achten Sie auf die passende Treiberunterstützung.
Mainboard	Der Tausch des Mainboards ist nur bei einem Defekt des Mainboards sinnvoll. Da meist der Prozessor fest auf dem Mainboard verlötet ist, kommt das nahezu einem kompletten Systemumstieg nahe.	Raucht das Mainboard ab, lässt sich das Internet als Gebrauchtteillager missbrauchen. Oftmals ist das identische Modell mit einem anderen Defekt, beispielsweise mit Display-Schaden, günstig bei eBay erhältlich.
Akku	Mit der Zeit erwischt es jedes Notebook. Der Saft lässt nach, und die Laufzeit wird immer kürzer. Nach zwei bis drei Jahren ist ein neuer Akku fällig.	Abhängig davon, ob Sie mit dem Notebook viel unterwegs sind oder nicht. Für Couch-Potatoes mit Netzteilbetrieb rechnet sich die Anschaffung eines neuen Akkus zu Preisen zwischen 100 bis 200 Euro nicht.
Tastatur	Sind die Tasten auf der Tastatur abgewetzt, ist manchmal ein Ausprobieren der Tasten angesagt, um die gewünschte Taste zu finden. Finden Sie ein Gebraucht-Notebook zum Ausschlachten, lässt sich auch eventuell die Tastatur weiterverwenden.	Nur wenn das Gebraucht-Notebook zum Ausschlachten richtig günstig über den Ladentisch geht, macht man hier ein Schnäppchen. Ansonsten hilft für jene, die auf die äußere Erscheinung der Tastatur nicht so viel Wert legen, auch ein wasserfester Edding-Stift, um die Tasten neu zu beschriften.

1.2 Informationen und Einbauanleitungen besorgen

Abhängig von Hersteller und Modell des Notebooks ist die Ausstattung in Sachen Handbücher und Datenblätter sehr unterschiedlich. Gerade bei Low-Cost-Modellen sind meist nicht alle Datenblätter vorhanden, was gerade dann ziemlich ärgerlich wird, wenn das Notebook aufgerüstet werden soll. Der Idealfall – dass schon beim Kauf des Notebooks darauf geachtet wird – kommt in der Praxis jedoch so gut wie gar nicht vor.

Ein weiteres Problem ist oftmals die Sprache. Da die meisten Notebooks und deren Bauteile aus Asien kommen, sind die Handbücher und Datenblätter vorwiegend in englischer Sprache zu finden, die teilweise auch mit Abkürzungen und Hinweisen glänzen, die ein Laie kaum versteht. Was also tun, wenn das Handbuch und notwendige Datenblätter fehlen? Hier geht schon die Suche los. Mit Glück finden sich auf den beigelegten CD-ROMs des Herstellers technische Informationen oder Datenblätter zu den Komponenten. Doch diese leiden wie die mitgelieferten Treiber an Aktualitätsproblemen. Hier heißt es dann, sich selbst auf die Suche zu machen. Im Internet werden Sie immer fündig.

Pflichtprogramm – Handbuch besorgen

Fast jeder Notebook-Hersteller hat seinen eigenen Internetauftritt, auf dem Sie Informationen, Datenblätter und Treiber sowie Unterstützung bei technischen Problemen bekommen. Am schnellsten kommen Sie über eine Suchmaschine ans Ziel, wenn Sie nach dem Hersteller sowie der Modellbezeichnung suchen. Nach Wunsch verfeinern Sie die Suche mit Schlagwörtern wie Handbuch, Dokumentation etc. Zu guter Letzt verwenden Sie Suchbegriffe in englischer Sprache, falls die Suchtreffer nicht zum Erfolg führen.

Bleibt auch hier die Herstellerunterstützung dürftig, wird die Luft langsam dünn. Doch wie immer hat sich das Internet der Sache angenommen, und viele Informationen sind auf zig Webseiten verteilt. Eine gute Quelle für Datenblätter und Handbücher ist die Webseite *www.eserviceinfo.com*,

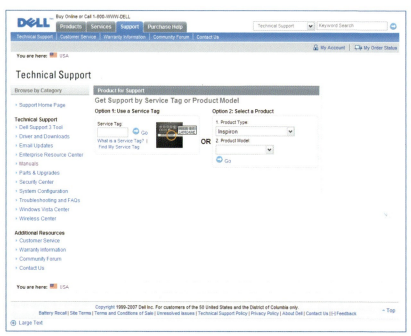

Abb. 1.1 – Dokumentationen, Treiber und vieles mehr bietet Dell auf seiner Supportseite. Da die Systemhandbücher in der Regel in englischer Sprache vorliegen, können Sie gleich die amerikanische Dell-Webseite unter *http://support.dell.com/support/* besuchen.

1.2 Informationen und Einbauanleitungen besorgen

Oft Geheimniskrämerei – Servicehandbuch besorgen

Oft sind gerade bei den Markenherstellern im Supportbereich sogenannte Servicehandbücher für die Händler zu finden, die im Auftrag des Herstellers Reparaturen und Aufrüstmaßnahmen vornehmen. Haben Sie ein entsprechendes Dokument gefunden, haben Sie grundsätzlich bei Aufrüst- und Umbaumaßnahmen leichteres Spiel. Doch nicht jeder Hersteller lässt sich gern in die Karten schauen. Hier ist das richtige Händchen und vor allem etwas Geduld bei der Suche angesagt. Mit Suchbegriffen wie „Herstellername", „Modellbezeichnung", „Service-Manual", „Download" etc. kommen Sie mit Glück zum Ziel.

Abb. 1.2 – *www.eserviceinfo.com* – Hier finden Sie Datenblätter und Service-Manuals in Hülle und Fülle.

die jedoch nur mit englischen Sprachkenntnissen wirklich nützlich ist.

Haben Sie die gewünschten Datenblätter oder/und ein Handbuch gefunden, ist die Qualität der Informationen wichtig. Beschränkt sich der Inhalt nur auf Standardfloskeln und Marketing-Geschreibe, geht die Suche weiter.

Abb. 1.3 – *www.lenovo.com/de/de/* – Vorbildlich, der Supportbereich von Lenovo.

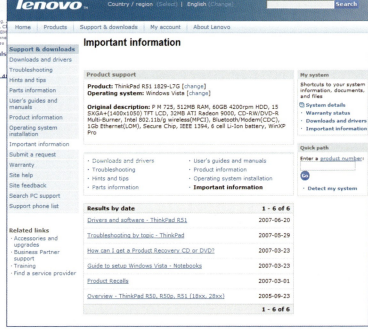

1.2 Informationen und Einbauanleitungen besorgen

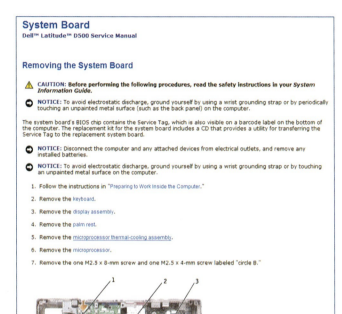

Abb. 1.4 – Ans Eingemachte: Gerade Markenhersteller veröffentlichen neben den Standard-Anwenderhandbüchern auch Servicehandbücher, um die Servicefachhändler mit entsprechendem Handwerkszeug zu unterstützen.

Wer das passende Servicehandbuch gefunden hat, der wird Überraschungen erleben. Teilweise sind die Angaben so detailliert und ausführlich bebildert, dass man den Eindruck bekommt, ein Hochschulstudium für die Lektüre zu benötigen. Hier kommt es wie immer auf die Qualität der Informationen an.

Hier stellen Sie Ihren eigenen Informationspool zusammen, je nachdem, welche Umbau- und Aufrüstmaßnahme ansteht. So ist das Aufrüsten des Arbeitsspeichers in der Regel mit weniger Aufwand verbunden als der Austausch der Festplatte. Dies kann beispielsweise bei Hersteller A fünf Minuten, bei Hersteller B jedoch einen ganzen Tag Aufwand bedeuten. Doch bevor es an die Aufrüstmaßnahme oder gar den Umbau des Notebooks geht, sollten Sie immer ein Backup der wichtigsten Daten bzw. des Systems parat haben. Im Idealfall erstellen Sie ein Komplett-Backup der „alten" Festplatte auf einen Sicherungsdatenträger, um im Fall eines Daten-GAUs das Notebook ohne großen Aufwand wieder betriebsbereit zu machen.

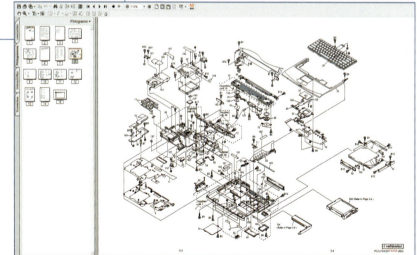

Abb. 1.5 – Zu viel des Guten: Jede kleinste Schraube und jedes Bauteil ist in den Servicehandbüchern von Sony dokumentiert.

1.3 Vor dem Umbau – Festplatte sichern

Sieht man von den „Nutzdaten" wie beispielsweise Dokumenten, Tabellen, Musik- und Videodateien einmal ab, ist das Anfertigen eines Backups in jedem Fall eine lohnende Angelegenheit. Selbst wenn Sie das Notebook nicht aufrüsten oder umbauen möchten, spart ein Backup allerhand Ärger und vor allem Zeit. Eine komplette Windows Vista-Neuinstallation mit Treiberinstallation und Einrichtung aller Programme benötigt schon mal gute acht Stunden, bis sich das Notebook wieder im gewünschten Zustand befindet.

Das muss nicht sein. Mit einem passenden Werkzeug wie True Image Home von Acronis fertigen Sie eine Komplettsicherung der Notebook-Festplatte auf einer externen USB-Festplatte, mehreren CDs/DVDs oder auf einer Netzwerkfreigabe, z. B. auf einem zweiten PC, an, um ein etwaiges Wiederherstellen der Festplatte so bequem wie möglich zu gestalten. Hier haben Sie die Notebook-Festplatte in weniger als einer Stunde betriebsbereit wiederhergestellt, sollte es einmal zum befürchteten Daten-GAU kommen. Unter der Adresse www.acronis.de/ gelangen Sie zur Acronis-Website.

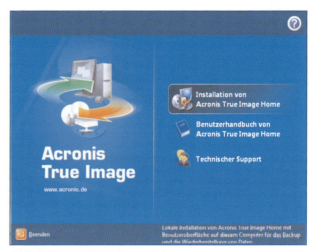

Abb. 1.7 – Der Begrüßungsdialog von Acronis True Image kommt noch im XP-Look daher und ist übersichtlich gestaltet.

Abb. 1.6 – Alleskönner: Mit True Image 10 Home von Acronis fertigen Sie in wenigen Schritten ein Backup der Notebook-Festplatte an. (Foto: Acronis)

Schnell erledigt – True Image-Installation

1. Legen Sie den Acronis-Datenträger in das CD-/DVD-Laufwerk oder starten Sie die Internetinstallationsdatei. Anschließend erscheint ein Begrüßungsdialog, in dem Sie die Installation von Acronis True Image starten können. Dafür klicken Sie auf den Link *Installation von Acronis True Image Home* und durchlaufen das Installationsprozedere. Hier sind keine Anpassungen notwendig, es sei denn, Sie benötigen spezielle Plug-ins für den BartPE-Builder, die über die benutzerdefinierte Installationsmethode mit auf die Festplatte kommen.

2. Haben Sie die Installation von Acronis True Image bis zum Ende per *Weiter*-Schaltfläche durchgeklickt, erscheint zu guter Letzt die Aufforderung zum Neustart des Notebooks. Erst dann ist True Image vollständig einsatzbereit.

1.3 Vor dem Umbau – Festplatte sichern

Abb. 1.8 – Wie gewohnt: Nach der Installation einer systemnahen Software ist meist ein Neustart des Betriebssystems notwendig.

3. Nach dem Neustart sollten Sie nicht umgehend ein Backup der Festplatte oder einer Partition anlegen, zunächst ist es empfehlenswert, eine Rettungs-CD zu erstellen, mit dem das Notebook im Notfall gestartet werden kann.

Unbedingt notwendig – Rettungsdatenträger anfertigen

1. Steht ein Komplett-Backup der Festplatte auf einem externen Datenträger oder Netzlaufwerk zur Verfügung, ist eine Neuinstallation des Notebooks innerhalb von weniger als 30 Minuten erledigt. Über das Startmenü starten Sie den Acronis Media Builder-Assistenten, um die Erstellung eines Rettungsdatenträgers zu starten.
2. Klicken Sie im Begrüßungsdialog auf die *Weiter*-Schaltfläche. Anschließend können Sie die Komponenten, die noch zusätzlich mit auf den Rettungsdatenträger kommen sollen, auswählen. Beim Erstellen einer Rettungs-CD (empfohlen) setzen Sie das Häkchen an der Wurzel von *Acronis True Image Home*, um alle Untereinträge zu markieren. Damit werden sämtliche Treiber, auch jene für S-ATA und SCSI-Festplatten, geladen, um volle Systemkompatibilität zu gewährleisten.
3. Hier wählen Sie das Sicherungsmedium aus. Sicherheitsbewusste Anwender verwenden das CD-/DVD-

Abb. 1.9 – Mithilfe des Assistenten fertigen Sie einen Rettungsdatenträger für True Image an. Hier haben Sie die Auswahl zwischen einem bootfähigen USB-Stick, einer bootfähigen CD und einer ISO-Datei.

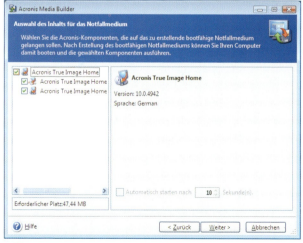

Abb. 1.10 – Ist das Häkchen gesetzt, klicken Sie auf die *Weiter*-Schaltfläche, um zum nächsten Schritt zu gelangen.

1.3 Vor dem Umbau – Festplatte sichern

Brennerlaufwerk. Lässt sich das Notebook via USB booten, können Sie alternativ einen USB-Stick für das Notsystem nutzen. Bietet das Notebook keine Brennfunktion, lässt sich hier auch ein ISO-Image erstellen, um den Rettungsdatenträger später mithilfe eines anderen Rechners auf eine CD zu brennen.

4. Ist das Notfallmedium ausgewählt, klicken Sie im folgenden Dialog auf *Fertig stellen*. Im nächsten Schritt legen Sie einen CD-Rohling in den CD-/DVD-Brenner des Notebooks ein und warten einen Moment, bis die Scheibe gebrannt ist.

Nun haben Sie das nötige Handwerkszeug, um die Notebook-Festplatte auf einen externen Datenträger, ein optisches Medium oder auf ein Netzwerklaufwerk zu sichern. Einmal angelegt, können Sie mit dem Rettungsdatenträger ein Komplett-Backup oder eine bestimmte Partition wieder auf die Festplatte zurücksichern. Besonders elegant ist hier auch die Möglichkeit, einzelne Dateien und Ordner auf die Festplatte zurückschreiben zu lassen. Hier muss nicht zwingend das Komplett-Backup eingespielt werden. Worauf Sie bei der Erstellung eines Backups achten sollen, lesen Sie im nächsten Abschnitt.

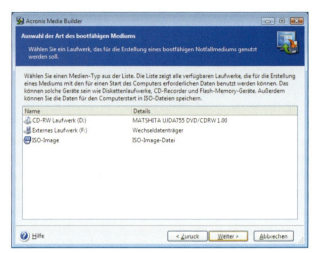

Abb. 1.11 – Auf Nummer sicher: Am empfehlenswertesten und sichersten ist das Brennen des Rettungsdatenträgers auf CD, da nahezu jedes Notebook mit einem eingebauten CD-/DVD-Laufwerk kommt.

Komplettsicherung der Notebook-Festplatte erstellen

Für das Anfertigen einer Komplettsicherung der Festplatte stehen Ihnen nun verschiedene Möglichkeiten offen. Unter Windows Vista kommen Sie in wenigen Schritten mithilfe eines Assistenten zum Ziel. Dieser Weg ist jedoch nur zu empfehlen, wenn die Festplatte nicht mit der Bitlocker-Verschlüsselung gesichert ist. In diesem Fall fertigen Sie eine Komplettsicherung der Festplatte über den Rettungsdatenträger an, der im vorigen Abschnitt angelegt wurde. Die Bitlocker-Verschlüsselung kann jedoch nur bei bestimmten Vista-

Abb. 1.12 – Per Klick auf die *OK*-Schaltfläche beenden Sie den *Acronis Media Builder*-Assistenten.

1.3 Vor dem Umbau – Festplatte sichern

Versionen wie Business, Ultimate und Enterprise genutzt werden. Bei den Windows Vista Home- und Home Premium-Versionen reicht der bequemere Weg über Windows, um eine Komplettsicherung zu erstellen.

1. Nun haben Sie freie Auswahl: Sie können entweder den kompletten Inhalt der Notebook-Festplatte, die Daten, nur die installierten Programme oder nur E-Mails in die Acronis-Sicherungsdatei aufnehmen.
Die Option *Meinen Computer* nutzen Sie für die Sicherung einer beliebigen Zusammenstellung von Festplatten und Partitionen des Notebooks.
Die Option *Meine Daten* ist für die dateibasierte Sicherung einer beliebigen Zusammenstellung von Dateien und Verzeichnissen zuständig – ideal für das Backup von Nutzdaten.
Der Schalter *Meine Anwendungen* beschränkt sich auf die dateibasierte Sicherung der Einstellungen von Anwendungen unter Windows, während *Meine E-Mails* für die dateibasierte Sicherung der Nachrichten und Einstellungen von Microsoft Outlook und Microsoft Outlook Express sorgt. Setzen Sie Microsoft Outlook 2000, 2002 oder 2003 ein, lassen sich Elemente wie E-Mail-Nachrichten, die in PST-/DBX-Datenbankdateien enthalten sind, sichern. Dazu gehören sämtliche E-Mail-Konten und -Ordner, Kalender, Kontakte, Aufgaben, Notizen, Signaturen, Benutzereinstellungen sowie das Adressbuch. Wer das ältere Outlook Express nutzt, bei dem werden der Mail-Ordner sowie auf Wunsch das Adressbuch gesichert.
Beim ersten Start von Acronis True Image Home ist immer eine komplette Sicherung der Festplatte zu empfehlen, da sich neuere Daten später über ein differenzielles bzw. inkrementelles Backup sichern lassen. Damit ist gewährleistet, dass Sie mit einer Komplettsicherung das Notebook in wenigen Minuten auch komplett wiederherstellen können, falls Windows oder eine Anwendung das Notebook lahmlegt und nichts mehr geht.

Abb. 1.13 – Nach dem Start von True Image Home wählen Sie *Backup und Wiederherstellung* aus, um den passenden Assistenten zu starten.

1.3 Vor dem Umbau – Festplatte sichern

2. Anschließend erfolgt die Auswahl des Speicherorts für die Backup-Archivdatei. True Image Home zeigt sämtliche verfügbaren Laufwerke an. Beachten Sie hier, dass auch USB-Datenträger wie USB-Festplatten und USB-Sticks als Festplatte angezeigt werden. Im Zweifelsfall ist *Festplatte 1* immer die richtige, wer sich nicht sicher ist, der überprüft in der Spalte die Kapazität der Festplattendaten, um schließlich die richtige auszuwählen.

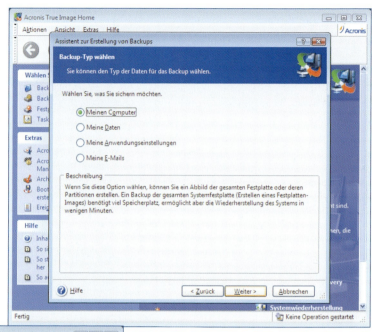

Abb. 1.14 – Für eine Komplettsicherung der Notebook-Festplatte wählen Sie hier *Meinen Computer* aus.

3. Der nachstehende Hinweis im folgenden Dialog spielt zunächst keine Rolle, da das Komplett-Backup der Festplatte erstmalig erstellt wird. Ist hingegen bereits ein Komplett-Backup auf dem Ziellaufwerk vorhanden, braucht True Image nur die Änderungen seit dem letztmalig durchgeführten Backup zu sichern.

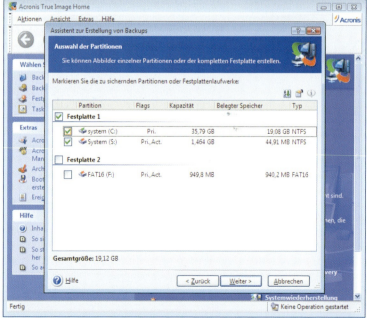

Abb. 1.15 – Bei einer Komplettsicherung werden sämtliche Partitionen der Festplatte gesichert.

1.3 Vor dem Umbau – Festplatte sichern

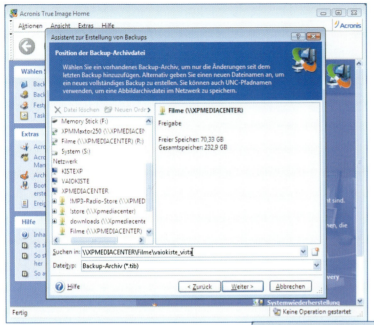

4. Legen Sie nun den Speicherort fest, auf dem das Komplett-Backup der Festplatte abgelegt werden soll. Hier nutzen Sie im Idealfall eine externe USB-Festplatte oder ein Netzwerklaufwerk. Anschließend geben Sie eine aussagekräftige Bezeichnung für den Dateinamen ein.
5. Beachten Sie, dass die Sicherungsdatei mehrere GByte groß werden und unter Umständen nicht auf einem mit FAT32 formatierten Laufwerk gespeichert werden kann, da hier das FAT32-Dateisystem an seine Grenzen stößt. Hier muss das Ziellaufwerk NTFS-formatiert sein. Die Größe ist natürlich von der belegten Speicherkapazität der zu sichernden Festplatte abhängig.

Abb. 1.16 – Die Sicherung der kompletten Festplatte wird in eine einzige Datei geschrieben.

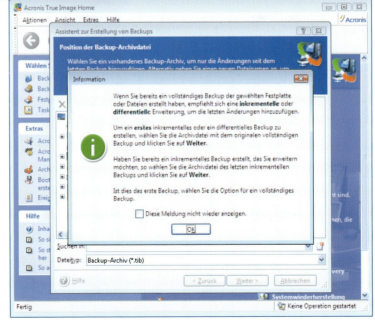

Abb. 1.17 – Das Hinweisfenster, das besagt, dass mit True Image inkrementelle Backups möglich sind, kann per Klick auf *OK* geschlossen werden.

1.3 Vor dem Umbau – Festplatte sichern

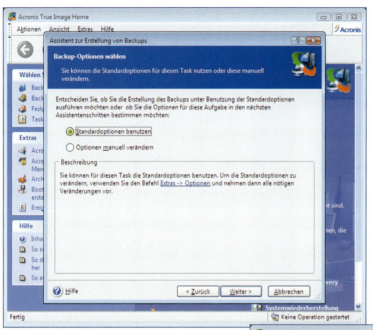

6. Im nächsten Dialog belassen Sie es bei den Standardoptionen und klicken auf *Weiter*. Wer hier beispielsweise die Sicherungsdatei mit einem Passwort absichern möchte, der stellt den Schalter auf *Optionen manuell verwalten* um.
7. Nun können Sie die Sicherungsdatei mit Hinweisen versehen, beispielsweise mit Datum und Uhrzeit der Sicherung, installierten Programmen oder einer Beschreibung zum Notebook. Haben Sie mehrere Imagedateien im Einsatz, sind diese Hinweise ein guter Anhaltspunkt, um herauszufinden, mit welchem Festplattenimage man es hier zu tun hat.

Abb. 1.18 – Einfach durchklicken: Ohne spezielle Einstellungen kommen Sie am schnellsten zum nächsten Schritt.

Abb. 1.19 – Bei dem erstmaligen Ausführen von True Image erstellen Sie ein vollständiges Backup-Archiv (erste Option). Das Anfertigen eines differenziellen bzw. inkrementellen Backups ist nur mit einer bereits vorhandenen Backup-Datei sinnvoll.

1.3 Vor dem Umbau – Festplatte sichern

8. Jetzt wird es ernst. Die Konfiguration des Assistenten ist abgeschlossen, und es erscheint eine Zusammenfassung der gemachten Einstellungen und anstehenden Aktionen, die nach dem Klick auf *Fertig stellen* umgehend durchgeführt werden.

9. Je nach Größe der Festplatte bzw. der belegten Festplattenkapazität dauert die Erstellung der Sicherungsdatei einige Minuten. Durchschnittlich können Sie um die 30 Minuten veranschlagen, bis sich die Imagedatei auf dem angegebenen Datenträger befindet.

Abb. 1.20 – Sollen noch etwaige Änderungen vorgenommen werden, kommen Sie über die *Zurück*-Schaltfläche zu den vorherigen Dialogen zurück.

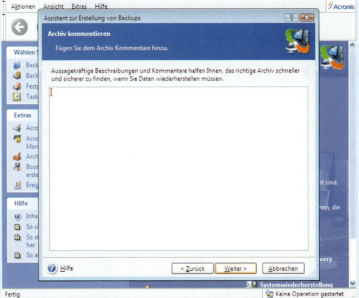

Abb. 1.21 – Hier können Sie kreativ sein: Geben Sie in diesem Dialog eine genaue Beschreibung zum Notebook oder zur Festplatte und deren Inhalt ein.

1.3 Vor dem Umbau – Festplatte sichern

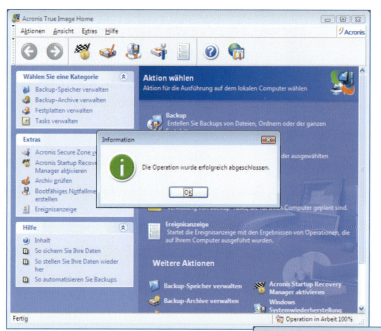

10. Ist das Festplattenimage erfolgreich erstellt, informiert der Acronis-Assistent darüber in einem Hinweisfenster.

Mit dem erfolgreich angelegten Festplattenimage stehen Ihnen nun viele Möglichkeiten offen. Sie können beispielsweise eine neue Festplatte im Notebook montieren und das „alte" Festplattenimage darauf zurückspielen. Hier ersparen Sie sich die zeitraubende Installation von Betriebssystem und Anwendungen. Oder Sie probieren einfach neue Vista-Features wie die Bitlocker- und EFS-Verschlüsselung aus, die Sie nun gefahrlos testen und einsetzen können.

Abb. 1.22 – Backup-Vorgang abgeschlossen: Nun haben Sie eine Komplettsicherung der Notebook-Festplatte.

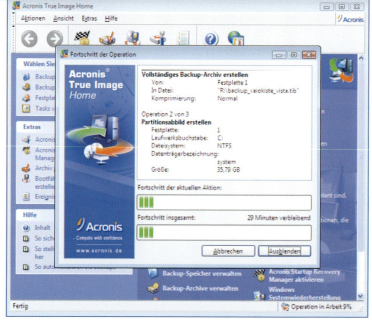

Abb. 1.23 – Bitte warten: Während der Erstellung des Festplattenimages sollten Sie aus Sicherheits- und Geschwindigkeitsgründen keine anderen Anwendungen geöffnet haben.

1.4 Um- und Aufrüstarbeiten am Notebook

Achtung: Die in diesem Beitrag beschriebenen Verfahren sind Tuningmaßnahmen. Durch den Eingriff kann nicht nur das Notebook zerstört werden, sondern Sie verlieren bei einem neuen Gerät auf jeden Fall die Garantie. Technisch Ungeübte sollten von diesem Eingriff ausdrücklich die Finger lassen!

eBay – Ersatzteillager zum Schleuderpreis

Soll ein älteres Notebook aufgerüstet oder repariert werden, ist es meist zu spät. Der Hersteller bietet keinen Support mehr für das Gerät, Ersatzteile sind nicht oder, falls doch, zu Apothekerpreisen beim Händler oder Hersteller erhältlich; das macht somit das Ganze unwirtschaftlich. Doch was tun, wenn kein Geld für ein neues Gerät vorhanden ist oder es nur kleine Dinge sind, die zum Funktionieren des alten Notebooks notwendig sind? Hier hilft das Internet. Für nahezu jedes Notebook-Modell finden Sie in wenigen Minuten ein passendes Ersatzteil, Austauschgerät oder ein baugleiches Notebook zum Ausschlachten.

Das Beste: Da viele im Notebook verbauten Komponenten unabhängig vom Hersteller des Geräts in der Regel gleich sind, können Sie je nach Umbau- bzw. Reparaturmaßnahme auch ein anderes Modell oder Einzelkomponenten gezielt kaufen und verwenden. So ist eine Auktionsplattform wie eBay geradezu ideal, denn hier ist das Angebot an Gebrauchtwaren am größten.

Je nachdem, was zur Reparatur oder als Aufrüstmaßnahme für das Notebook ansteht, können Sie hier gezielt vorgehen. Ist beispielsweise das Notebook-Mainboard defekt, empfiehlt es sich, nach einem baugleichen Notebook mit Display-Schaden zu suchen. Ist bei Ihrem Notebook das Mainboard wegen eines Sturzes o. Ä. defekt, halten Sie die Augen nach einem Notebook mit Display-Schaden offen. Als Bonus bekommen Sie meist Ersatzteile mitgeliefert, beispielsweise den Arbeitsspeicher oder die Notebook-Festplatte. Es bleibt Ihre Entscheidung, ob Sie die ausgeschlachteten Komponenten für Ihr Notebook weiterverwenden oder gar wieder bei eBay weiterverkaufen, um die Gesamtkosten für die Reparatur in Grenzen zu halten.

> **Aus zwei mach eins – altes Notebook ausschlachten**
>
> Haben Sie ein Ersatzteillager in Form eines baugleichen Notebooks gekauft, sollten Sie das Ersatzgerät Schritt für Schritt auseinandernehmen. Der Vorteil ist nicht nur, dass Sie hier schon mal etwas Erfahrung beim Auseinanderbauen bekommen, sondern auch anschließend beim eigenen Notebook wissen, welche Hürden zu umschiffen sind. So lässt sich manches Notebook-Gehäuse nur mit bestimmten Tricks und in einer bestimmten Reihenfolge öffnen – und der Trainingseffekt zahlt sich im Ernstfall dann beim eigentlich zu reparierenden Notebook aus.

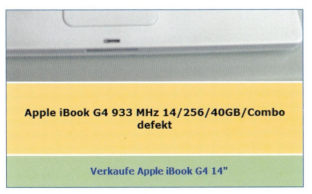

Abb. 1.24 – Defekt, aber oft noch zu gebrauchen: Bei einem Notebook mit Display-Schaden lassen sich noch Komponenten wie DVD-Laufwerk, Speicher, Festplatte und Mainboard weiterverwenden.

1.4 Um- und Aufrüstarbeiten am Notebook

Wer sich Zeit und Aufwand des Ausschlachtens ersparen möchte, der kann selbstverständlich auch gezielt nach Komponenten suchen. In der nachstehenden Abbildung wurde für 32,50 Euro ein Mainboard für ein Apple-Notebook bei eBay ersteigert.

Egal ob Sie ein defektes Notebook ausschlachten oder Einzelkomponenten gezielt nachkaufen, Sie sparen so oder so Geld. Zum Vergleich: Der Reparaturservice des Herstellers verlangt nicht nur eine Servicegebühr, die bis zu 150 Euro betragen kann, sondern auch die Ersatzteile sowie die Einbaukosten schlagen hier kräftig zu Buche. Bei einem Testgerät, Apple iBook G4, veranschlagte Apple die Reparaturkosten mit 800 Euro, zusätzlich waren zuvor 50 Euro Servicegebühr zu zahlen. Rechnet man den Aufwand und die Wartezeit für die Reparatur hinzu, entspricht dies fast dem Preis eines Neugeräts.

Bei der Suche nach dem passenden Ersatzteil bei eBay können Sie sich Zeit lassen und die Angebote sondieren. Im konkreten

Abb. 1.25 – Das A und O ist das aufmerksame Lesen des Beschreibungstexts. Abhängig von Ihrem Gerät können Sie ein defektes Gerät zum Ausschlachten kaufen und es als Ersatzteillager für das Notebook verwenden.

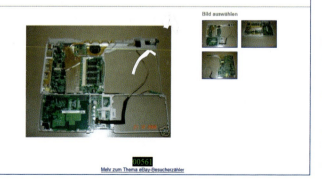

Abb. 1.26 – Suchen, prüfen und zugreifen: Die 80 Euro für dieses Apple-Mainboard entsprechen gerade mal 10 % der Kosten des Kostenvoranschlags, den Apple für die Reparatur des Mainboards erstellte.

1.4 Um- und Aufrüstarbeiten am Notebook

Abb. 1.27 – Mit Glück machen Sie ein Schnäppchen bei eBay. Ein passendes Mainboard kostet oft weniger als allein die Servicegebühr des Herstellers.

Fall kostete das baugleiche Mainboard-Modell 32,50 Euro. Bei einem Notebook lassen sich viele Komponenten nachrüsten und reparieren. Sie sollten auf folgende Dinge achten (siehe Tabelle).

Werden Sie bei der Suche nach einem Ersatzteil für die defekte Notebook-Komponente nicht fündig, kann unter Umständen auch der Kauf eines defekten baugleichen Geräts lohnen. Vergleichen Sie nicht nur die Modellbezeichnung, sondern auch das Baujahr und die Revision des Geräts. Im Zweifelsfall fragen Sie den Verkäufer nach detaillierten Informationen zum Defekt und anderen wichtigen Daten.

Das Öffnen eines Notebook-Gehäuses ist weniger kompliziert, als man vermutet, und sogar unabhängig von Hersteller, Modell und Alter des Geräts. Denn grundsätzlich lässt sich beispielsweise immer die Notebook-Tastatur mit wenigen Handgrif-

Aufrüst-/Reparatur-komponente	Bemerkung
Festplatte	Herstellerunabhängig. Hier ist nur der Formfaktor (1,8 oder 2,5 Zoll) der Festplatte wichtig. Bei einem älteren Notebook achten Sie zudem auf die Kapazität der Festplatte. Ältere BIOS kommen nicht mit Kapazitäten ab 120 GByte zurecht.
RAM-Speicher	SO-DIMMs, Micro-DIMM, DDR2 und Co. Hier schauen Sie im Handbuch Ihres Notebooks nach, welchen Speicher das Gerät braucht.
Mainboard	Beim Kauf eines Ersatz-Mainboards sollten Sie unbedingt die Revision und das Baujahr des Notebooks mit dem Verkäufer abgleichen. Zur Sicherheit prüfen Sie hier auch die Art und Anzahl der externen Anschlüsse. Diese müssen beim Umbau exakt in das Notebook-Gehäuse passen.
CD/DVD/Brenner (intern)	Auch hier gilt: Der Anschluss muss passen. Die Hersteller verwenden unterschiedliche Anschlusskabel zum Anschluss an den Mainboard-Steckpfosten. Mit etwas Glück kann das alte Anschlusskabel für das neue Laufwerk weitergenutzt werden.

1.4 Um- und Aufrüstarbeiten am Notebook

fen abnehmen, der Deckel für den einfachen Zugang zum Arbeitsspeicher öffnen und so weiter. Bevor Sie nun das Notebook begutachten, legen Sie sich zunächst das passende Werkzeug zurecht.

Voraussetzungen für die Notebook-Reparatur
- Schraubendreherset
- Pinzette
- Klebestreifen
- Blatt Papier und Stift
- Digitalkamera
- Handwerkliches Geschick

Unabhängig davon, welches handwerkliche Geschick und wie viel Geduld Sie mitbringen, sollten Sie mit einem Schraubendreher umgehen können. Wer keine ruhige Hand und kein gutes Auge hat, sollte jemanden an die Sache heranlassen,

Abb. 1.28 – Oft ist das Notebook-Gehäuse mit den exotischen Torx-Schrauben TX6 oder TX8 gesichert. Gerade bei Bastelarbeiten empfiehlt sich ein umfangreiches Schraubendreherset, um mit wenigen Handgriffen das passende Werkzeug in den Händen zu halten.

Das Öffnen des Notebooks mit der Digitalkamera dokumentieren

Jedes Notebook ist ein klein wenig anders und prinzipiell doch gleich. Je nachdem, von welchem Hersteller, welches Modell und dessen Revision das Notebook ist, sind die Schritte zum Öffnen des Gehäuses unterschiedlich. Deswegen sollten Sie erst im Handbuch oder im eventuell vorhandenen Servicehandbuch nach solchen Hinweisen Ausschau halten. Für den Fall, dass keine Dokumentation vorliegt, erstellen Sie selbst eine. Wer im Besitz einer Digitalkamera ist, der sollte bei der Reparatur bzw. beim Aufrüsten schrittweise Ober- und Unterseite des Notebooks fotografieren. Drucken Sie anschließend die Bilder im DIN-A4-Format aus (Schwarz-Weiß-Ausdruck reicht völlig) und platzieren Sie die Schrauben nach dem Herausdrehen an der entsprechenden Stelle auf dem Ausdruck. Beim späteren Zusammenbau behalten Sie den Überblick und vermeiden, dass nach der Reparatur bzw. Umbaumaßnahme etwa Schrauben oder Anschlussmaterial übrig bleiben. Trauen Sie sich selbst die Reparatur bzw. Aufrüstmaßnahme zu, kann es losgehen.

1.4 Um- und Aufrüstarbeiten am Notebook

der damit Erfahrung hat, oder das Notebook beim Fachhändler umbauen lassen.

Innenleben inspizieren – Tastatur entfernen

1. Zunächst ziehen Sie den Netzteilstecker vom Notebook ab. Aus Sicherheitsgründen sollten Sie anschließend auch den Akku entfernen. Je nach Hersteller befindet sich dafür auf der Unterseite oder an der Seite des Notebooks eine verschiebbare Verriegelung, die in einer bestimmten Position das Entnehmen des Akkus gestattet. Anschließend klappen Sie das Notebook auf und nehmen im ersten Schritt die Tastatur ab.
2. Abhängig von Typ und Hersteller des Notebooks sind die Verriegelungen der

Abb. 1.29 – Links von der F1 - und rechts von der F11 -Taste sowie unterhalb der eingebauten Lautsprecher befindet sich bei dem Apple-Notebook iBook G4 je eine Verriegelung, die die Tastatur festhält.

Tastatur unterschiedlich platziert. Meist ist der Verriegelungsmechanismus in der Nähe der Funktionstasten zu finden. Bei Sony-Modellen ist diese Verriegelung leicht zu übersehen, da sie sich teilweise unter den Tasten befindet. In diesem Fall benötigen Sie ein flaches Hebelwerkzeug, um die Verriegelung verschieben zu können.

3. Heben Sie die Tastatur leicht an und klappen Sie sie vom Gehäuse weg. Meist ist sie an der Unterseite noch in eine Halterung eingesteckt. Schieben Sie die Tastatur heraus und legen Sie diese zunächst um, damit sie anschließend abgesteckt werden kann. Jedoch ist manchmal der Tastatursteckpfosten

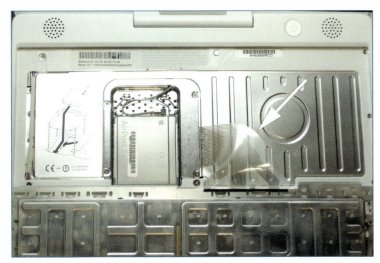

Abb. 1.30 – Anschließend lässt sich die Tastatur abheben. Seien Sie hier vorsichtig: Jede Tastatur ist nur mit einem dünnen Flachbandkabel angeschlossen, das äußerst empfindlich ist.

1.4 Um- und Aufrüstarbeiten am Notebook

nicht auf Anhieb zu sehen oder nochmals mit Schrauben gesichert. In der nachfolgenden Abbildung ist zu sehen, dass bei diesem Modell noch vier kleine Kreuzschlitzschrauben aufgeschraubt werden müssen, um die Tastatur überhaupt abstecken zu können.

4. Ist die kleine Gehäuseabdeckung geöffnet, kann die Tastatur vorsichtig abgezogen werden. Beachten Sie, dass Flachbandkabel niemals mithilfe von Zugkraft am Kabel selbst abgesteckt werden dürfen, sondern immer per Kraft-Hebel-Wirkung am Steckpfosten.

Abb. 1.31 – Das lose Kabel ist bei diesem Notebook das Antennenkabel der optional erhältlichen WLAN-Karte, die sich direkt unter der Tastatur befindet. Je nach Notebook-Hersteller kann sich an dieser Stelle auch der Steckplatz für die Arbeitsspeichermodule befinden.

Arbeitsspeicher entnehmen oder nachrüsten?

In der Abbildung 1.32 ist ein installiertes Arbeitsspeichermodul (SO-Speicher) zu sehen, das einfach durch das Öffnen der seitlichen Halteklammern per Federkraft nach oben springt und entnommen werden kann, falls der Arbeitsspeicher aufgerüstet oder hier in diesem Fall ausgeschlachtet werden soll. Was in Sachen Aufrüsten des Arbeitsspeichers wichtig ist, welche RAM-Typen es gibt und worauf Sie achten sollten, lesen Sie im Abschnitt „Notebook beschleunigen – Arbeitsspeicher aufrüsten" ab Seite 33.

Das weitere Vorgehen zum kompletten Ausschlachten und beim Zusammenbau hängt davon ab, wie das Notebook-Gehäuse aufgebaut ist. In unserem Bastel-Notebook sind noch sechs kleine Kreuzschlitzschrauben zu entfernen.

Gehäuseboden entriegeln

1. Sind die Schrauben auf Ober- und Rückseite gelöst, befassen Sie sich mit dem Gehäuseboden des Notebooks. Je nach Modell sind die Schrauben nicht auf den ersten Blick zu finden geschweige denn zu sehen, kein Wunder, dass die Notebook-Hersteller Selbstbaumaßnahmen am Notebook nach wie vor argwöhnisch betrachten. Die wichtigsten Gehäuseschrauben sind oft unter Gumminoppen versteckt,

1.4 Um- und Aufrüstarbeiten am Notebook

die manchmal nur gesteckt, aber auch oft geklebt oder geclipt sind. Hier reicht es, die Gummihalterung vorsichtig mit einem spitzen Gegenstand wegzuhebeln.

2. Sind sämtliche sichtbaren Gehäuseschrauben entfernt, können Sie vorsichtig versuchen, weiter in das Gehäuse vorzudringen. Hier begutachten Sie das Gehäuse von allen Seiten

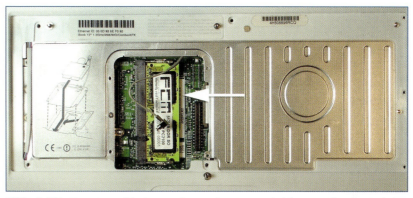

Abb. 1.32 – Zum Ausschlachten oder Nachrüsten: Bei vielen Notebooks sind die RAM-Steckplätze unter der Tastatur versteckt.

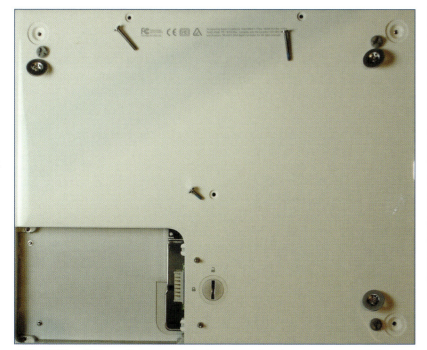

Abb. 1.33 – Nicht nur beim Herausdrehen der Schrauben, sondern auch bei den Gumminoppen und Beilagscheiben ist höchste Konzentration und vor allem Ordnung bei der Aufbewahrung angesagt.

Im Schrauben-Dschungel den Durchblick behalten

Je tiefer Sie in das Innenleben des Notebooks vordringen, desto unterschiedlicher und zahlreicher werden die Schrauben. Legen Sie jeder Schraube auf die entsprechende Stelle des vorbereiteten Zettels, der als Lotse dient. Manche Modelle müssen erst mit einem Hebelwerkzeug auf der Rückseite „entriegelt" werden, da das Plastikgehäuse hier meist nicht verschraubt, sondern mit Plastikverschlüssen gesichert ist.

1.4 Um- und Aufrüstarbeiten am Notebook

und suchen nach weiteren Möglichkeiten, das Gehäuse ohne Beschädigungen zu öffnen.

Gehäuseoberschale entfernen

1. Meist ist in der Nähe des CD-/DVD-Laufwerks eine Möglichkeit vorhanden, um Ober- und Unterschale des Notebooks voneinander zu lösen. Voraussetzung ist natürlich, dass Sie nicht mit roher Gewalt, sondern mit Geschick und Technik die Seitenteile gleichmäßig aufhebeln.
2. Sind die beiden Gehäuseteile voneinander getrennt, sollten Sie eines von beiden – meist das Oberteil – vom Notebook sanft abziehen. Hier gilt es vorsichtig vorzugehen, da sich in der Gehäuseschale oft Schalter, Anschlüsse, Lautsprecher u. Ä. befinden und mit dem Mainboard über ein dünnes Kabel oder Flachbandkabel verbunden sind. Hier werfen Sie seitlich einen Blick unter die zu entfernende Gehäuseschale, um zu prüfen,

Abb. 1.34 – Per Clipverbindung ist in diesem Beispiel die Unterschale mit der Oberschale des Gehäuses verbunden. Mit einem flachen Hebelwerkzeug, beispielsweise einem flachen Schraubendreher, öffnen Sie ringsherum die Verschlüsse des Notebooks.

Abb. 1.35 – Von links nach rechts hebeln Sie das Gehäuse langsam mit einem flachen Hebelwerkzeug auf, bis beide Gehäuseteile lose miteinander verbunden sind.

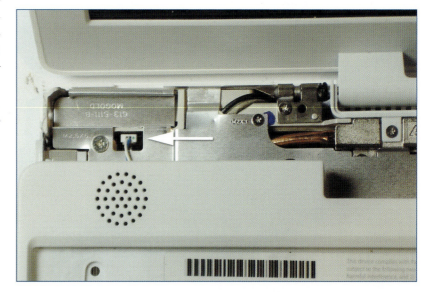

Abb. 1.36 – Langsames Vorgehen erwünscht. Schieben Sie die Gehäuseoberschale nur leicht zur Seite, um mit einer Pinzette den Stecker abziehen zu können.

1.4 Um- und Aufrüstarbeiten am Notebook

ob dort Anschlüsse und Steckverbindungen versteckt sind.

3. An dieser Stelle ist gegebenenfalls der Einsatz einer Pinzette oder einer kleinen Flachzange zu empfehlen, um die entsprechenden Steckverbindungen zu lösen. Sicherheitshalber nehmen Sie zuvor eine Digitalkamera zur Hand, um die Steckverbindungen zu dokumentieren, damit bei einem späteren Zusammenbau die Anschlüsse und Steckverbindungen wieder korrekt montiert werden können.

4. Ziehen Sie Schritt für Schritt die Kabelverbindungen ab und entfernen Sie die Gehäuseoberschale.

5. Bei manchen Notebooks ist in diesem Schritt auch das Ausstecken des Touchpads bzw. der Maustasten notwendig. Auch in diesem Fall lösen Sie vorsichtig das Kabel vom entsprechenden Anschluss.

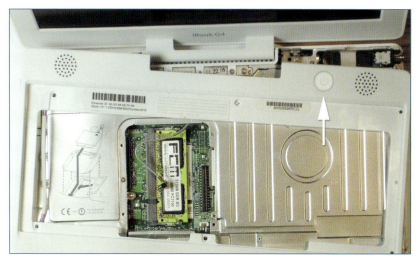

Abb. 1.37 – Gehäuseoberschale abnehmen: Rechts oben ist der Einschaltknopf des Notebooks – darunter ist der dazugehörige Steckplatz für das Kabel.

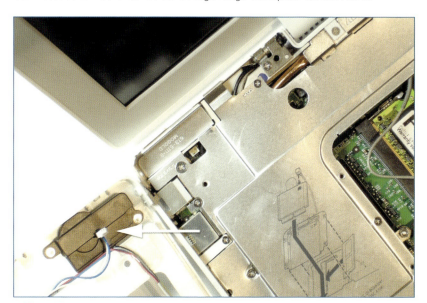

Abb. 1.38 – Kleiner Stecker mit großer Wirkung: Mit viel Fingerspitzengefühl ziehen Sie das Kabel für den Ein-/Ausschalter des Notebooks ab. Je nach Notebook-Modell können hier zusätzlich auch Audiokabelverbindungen zum Gehäusedeckel geführt sein.

1.4 Um- und Aufrüstarbeiten am Notebook

6. Kommt unter der Gehäuseschale noch eine weitere Abdeckung zum Vorschein, muss auch diese entfernt werden. Hier gehen Sie wie gewohnt vor. Entfernen Sie schrittweise jede Schraube und legen Sie diese auf Ihren „Bauplan", damit die Schraube auch später beim Zusammenbau wieder zu ihrem richtigen Platz findet. Anschließend lässt sich die Abdeckung entfernen, und es sollte nun erstmalig das Mainboard mit allen Anschlüssen und Komponenten in voller Pracht zu sehen sein.

Abb. 1.39 – Ist die Gehäuseoberschale entfernt, erscheint eventuell je nach Hersteller und Modell eine weitere Abdeckung, die mit kleinen Kreuzschlitzschrauben gesichert ist.

Abb. 1.40 – Übersichtlich: Oben ist neben dem leeren Akkuschacht das Slim-DVD-Laufwerk und darunter der RAM-Speicher zu sehen. Weiter unten ist die passive CPU- und Grafikprozessorkühlung montiert.

1.5 Notebook beschleunigen – Arbeitsspeicher aufrüsten

Wer unterwegs unbeschwert im Internet surfen, Videos und DVDs ruckelfrei wiedergeben oder einfache Office-Arbeiten erledigen möchte, der braucht ein leistungsfähiges Notebook. Doch gerade bei Windows definiert sich die Leistung nicht nur über den verbauten Prozessor, sondern auch über die Arbeitsspeicherausstattung des Notebooks. Gerade wer auf dem Notebook Windows Vista einsetzten möchte, für den sind 512 MByte Hauptspeicher unterste Messlatte. Hier macht das Arbeiten jedoch wenig Spaß und ist von nervigen Wartezeiten geprägt. Und je langsamer der Systemstart, desto mehr Strom verbraucht der Akku, was wiederum die effektiv nutzbare Zeit mit dem Notebook verringert. Mit der richtigen Aufrüstmaßnahme sparen Sie somit nicht nur Zeit, sondern auch bares Geld.

Wie viel RAM darf es sein?
Empfehlenswert ist eine Größe von 1 GByte RAM, abhängig von Einsatzzeck und Mainboard können auch 1,5 oder gar 2 GByte Arbeitsspeicher im Notebook sinnvoll sein. Mehr als 3 GByte RAM ist nur bei einem 64-Bit-System sinnvoll, und entsprechend leistungsfähige Notebooks sind kaum am Markt zu finden. Egal, um welches Notebook es sich handelt, in der Regel sind meist

Abb. 1.41 – Toshibas Speichermonster: Je „größer" das Notebook-Modell, desto mehr Steckplätze stehen für RAM-Module zur Verfügung.

nur zwei Steckplätze für Arbeitsspeicher auf dem Notebook-Mainboard vorhanden. Unter diesem Aspekt hält sich der Ausbau des Arbeitsspeichers schon allein deshalb in Grenzen, es sei denn, der Hersteller hat einen Steckplatz für das Aufrüsten freigelassen.

In der Vergangenheit haben „schlechtere" Hersteller die Speicherbänke ihrer Modelle komplett bestückt, was natürlich beim Ausbau der RAM-Kapazität für Ärger sorgt. In diesem Fall muss dann mindestens ein Speichermodul dem neuen weichen und darf anschließend in der Schreibtischschublade verstauben.

Angenommen, Ihr Notebook hat bereits 512 MByte verbaut, dann kommt es also darauf an, ob diese per 512-MByte-Modul oder paarweise mit zwei 256-MByte-Riegeln ausgeführt sind. So lässt sich mit einer Investition von 80 Euro für ein 1-GByte-Modul der Arbeitsspeicher des Notebooks auf 1,5 GByte aufblähen, was für Standardanwendungen völlig ausreicht.

1.5 Notebook beschleunigen – Arbeitsspeicher aufrüsten

Notebook-RAM – welchen nehmen?

Nicht nur bei den Desktop-PCs, sondern auch bei Notebooks gibt es unterschiedliche Speichertypen und Geschwindigkeitsklassen für den Arbeitsspeicher. Je nach Hersteller und Modell des Notebooks ist eine Mischbestückung unterschiedlicher Module möglich, sodass beliebige Kombinationen aus Speicherriegeln mit 256 MByte, 512 MByte, 1 GByte und 2 GByte erlaubt sind. Wer auf Nummer sicher gehen möchte, der schaut in der Dokumentation bzw. im Handbuch des Notebooks nach. Im Zweifelsfall prüfen Sie, ob die beiden Speichermodulsteckplätze mit identischen Modulen mit gleicher Zugriffszeit (CAS) bestückt sind, und verwenden Speichermodule ein und derselben Bauart (Kapazität, Taktgeschwindigkeit).

Bei ganz harten Problemfällen achten Sie darauf, dass beide Module auch vom gleichen Hersteller kommen. Beim Kauf des RAM-Speichers sollten Sie sich deshalb ein Umtauschrecht sichern. Für den Kauf eines 1-GByte-Speicherriegels fürs Notebook können Sie deutlich unter 100 Euro einplanen. Aus diesem Grund ist es nicht nachzuvollziehen, wieso Markenhersteller wie Toshiba, Sony, Dell oder Apple über 150 Euro für den Ausbau um 1 GByte RAM verlangen. Wer hier selbst Hand anlegt, der kann bares Geld sparen.

Bei DDR-Speicher mit der Bezeichnung PC-XXXX berechnet sich das XXXX aus (2 × Speichertakt × Bitbreite) / 8 (64 Bit Bitbreite), was der Speicherbandbreite in MByte/s entspricht. Bei DDR2-Modulen mit der Bezeichnung PC2-XXXX setzt sich das XXXX aus (4 × Speichertakt × Bitbreite) / 8 (64 Bit Bitbreite) zusammen und entspricht ebenfalls der Speicherbandbreite in MByte/s. Den unterstützten Takt des Speichermoduls erkennen Sie an der jeweiligen Bezeichnung, wie beispielsweise PC667/5300 oder DDR2-667.

Bei den DDR2-Modulen gibt die Bezeichnung die direkte Übertragungsrate an, sodass der genannte Speichertyp im Dual-Channel-Betrieb den doppelten (theoretischen) Wert leistet. Neben dem Format und dem Speichertyp spielt natürlich der Takt die Hauptrolle: Je größer der XXX-Wert bei DDR2-XXX ist, desto schneller werden die Daten zwischen Chipsatz/Prozessor und Speicher transportiert. Beispielsweise steht die Bezeichnung PC667 für den Effektivtakt von 667 MHz – hier muss das Mainboard bzw. der Chipsatz den Speichertakt von 667 MHz unterstützen, damit der Speicherriegel nicht im langsameren Kompatibilitätsmodus läuft.

CAS Latency bei Notebook-Speicher

Speichermodule mit gleicher Technik und gleichem Takt können dennoch unterschiedlich schnell sein. Hier kommt der sogenannte CL-Wert ins Spiel. Moderne DDR2-Module lassen sich mit einer CAS Latency von 3, 4 oder 5 betreiben. Die Sache hört sich technisch kompliziert an, deshalb hier vereinfacht:

Der CL-Wert gibt an, wie schnell Zugriffe in den RAM-Bausteinen erfolgen. Die Zahlenangabe hinter CL

Abb. 1.42 – Je nach Modul kostet der Arbeitsspeicherausbau zwischen 27 und 55 Euro.

1.5 Notebook beschleunigen – Arbeitsspeicher aufrüsten

besagt, wie viele Wartepausen bei Zugriffen eingelegt werden. Je weniger Wartezyklen, desto besser. Speichermodule mit CL3 sind also schneller als solche mit CL4, je kleiner die CL-Zahl, desto besser. Grundsätzlich sollten Sie natürlich immer die schnellsten Module kaufen, gerade dann, wenn der Preisunterschied nur ein paar Euro beträgt. Ist der Preisunterschied hoch, tut's auch ein langsames Modul, denn allzu gravierend ist der Leistungsunterschied bei den verschiedenen CL-Werten nicht.

Beim Mischen von Modulen mit unterschiedlicher CL-Leistung sollten Sie aufpassen: Das klappt in der Praxis zwar fast immer, aber meist wird das schnellere Modul auf die Leistung des langsameren „runtergebremst". Wenn der Speicher im Notebook erweitert werden soll, sollten Sie vorher prüfen, welchen CL-Wert der bereits verbaute Speicher hat, und dann im Laden die gleichen Module kaufen.

Doch modernere Speichercontroller lassen auch ein „Mischen" der Speichermodule mit unterschiedlicher CAS Latency zu, es kann aber auch je nach Notebook kritisch sein. Glücklicherweise sind die Notebook-Speicher in Sachen CAS Latency abwärtskompatibel: Wird im Notebook-Handbuch beispielsweise ein RAM-Speicher mit

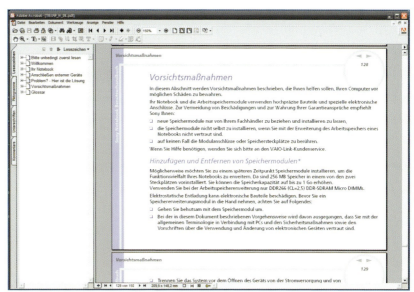

Abb. 1.43 – Die ersten Hinweise zum unterstützten Notebook-Speicher und zum geforderten CL CAS Latency-Takt finden Sie im Handbuch des Notebooks.

DDR266 (266 MHz) gefordert, lässt sich hier auch ein Speichermodul mit DDR333 (333 MHz) betreiben. Bei der eigentlichen Bauform des RAM-Speichers gibt es derzeit zwei wesentliche Unterschiede: Für „normale" Notebooks werden die sogenannten SO-Speichermodule (Small Outline Dual Inline Memory Module) verwendet, bei Subnotebooks kommen Micro-DIMMs (Micro Dual-Inline Memory Module) zum Einsatz.

Subnotebook vs. Notebook-Speicher

SO-DIMMs sind im Gegensatz zu den Desktop-Speichermodulen noch kleiner und benötigen zudem weniger Strom. Dadurch ist dieser Speicher in der Regel in Notebooks zu finden. SO-DIMMs gibt es als 72-poliges und als 144-poliges Modul mit jeweils unterschiedlich breitem Datenbus.

Während das 72-polige SO-DIMM einen 4-Byte-Datenbus besitzt, bringt das 144-polige mit 8 Byte einen doppelt so breiten Datenbus mit. Wie bei den Desktop-Speichern gibt es auch hier Varianten mit Parity- und Non-Parity-Bit – hier kommt es auf den Einsatzzweck und das Notebook-Modell an.

Neben den SO-DIMMs gibt es die noch kleineren Micro-DIMMs,

1.5 Notebook beschleunigen – Arbeitsspeicher aufrüsten

Netzstecker und Akku entfernen

Um den Arbeitsspeicher aufzurüsten, schalten Sie zunächst nicht nur das Notebook aus, sondern entfernen sowohl den Netzstecker als auch den Akku. Damit ist gewährleistet, dass kein Strom während der Aufrüstmaßnahme an den empfindlichen Bauteilen anliegt.

Abb. 1.44 – Durch die Kerbe (links unten) ist ein SO-Speichermodul verpolungssicher gebaut und lässt sich damit auch nicht falsch im Steckplatz einsetzen.

die für den Einsatz in sogenannten Sub-Notebooks vorgesehen sind. Im Moment sind Micro-DIMMs als DDR- und DDR2-Speicher mit Kapazitäten von 256 MByte, 512 MByte und 1 GByte erhältlich.

Wenige Handgriffe notwendig – Arbeitsspeicher einbauen

Abhängig von Hersteller und Notebook-Modell finden Sie die Steckplätze für den Arbeitsspeicher an unterschiedlichen Stellen. In der Regel ist eine Klappe an der Unterseite des Gehäuses zu finden, die mit einer kleinen Kreuzschlitzschraube gesichert ist. Andere Modelle verstecken die Steckplätze im Akkufach, die sich ebenfalls nochmals hinter einer Abdeckung befinden. Komplizierter wird es, wenn sich die Steckplätze unter der Tastatur befinden, was, wie im Abschnitt „Innenleben inspizieren – Tastatur ent-fernen" ab Seite 27 beschrieben, ein Entfernen der Tastatur notwendig macht, damit das neue RAM-Modul eingebaut werden kann.

Der Ein- und Ausbau eines RAM-Moduls geht einfacher vonstatten als bei einem klassischen PC. Bei manchen Notebook-Modellen lässt sich ein Teil des Gehäusebodens mit einer oder wenigen Schrauben öffnen, um die Steckplätze der RAM-Module frei-

Abb. 1.45 – Auch bei Micro-DIMMs ist durch Bauform und Kerbe (unten rechts außen) gewährleistet, dass der Einbau des Moduls verpolungssicher erfolgt.

1.5 Notebook beschleunigen – Arbeitsspeicher aufrüsten

Abb. 1.46 – Sind die Tastatur und die darunter liegende Metallplatte entfernt, liegen die RAM-Steckplätze des Notebooks frei.

Abb. 1.47 – Ganz rechts sind die beiden gefüllten Steckplätze für die RAM-Module zu sehen. In der Mitte ist ein sogenanntes Turbo-Memory-Modul (1 GByte) zu sehen.

zulegen. Hier wird der Speicherriegel links und rechts von einer Feder in seinem Steckplatz gehalten. Beim Einbau setzen Sie den Speicherriegel in den Steckplatz und drücken ihn nach unten, bis die seitlichen Klammern an den Einkerbungen des Speichermoduls einrasten. Beim Ausbau des Speichermoduls drücken Sie die beiden Klammern vom Speichermodul nach außen weg, um die Verriegelung des Sockels zu öffnen. Anschließend lässt sich der Speicher entnehmen.

Topmoderne Notebooks haben neben den beiden Steckplätzen für den Arbeitsspeicher auch einen Minicard-Steckplatz für ein Flashspeichermodul, das entweder mit 512 MByte oder 1 GByte Flashspeicher bestückt ist. Dieses Modul arbeitet mit der im Abschnitt „ReadyBoost nutzen mit SuperFetch" ab Seite 94 beschriebenen Ready-Boost-Technik von Vista und dient als zusätzlicher Puffer. Notebooks mit Turbo-Memory-Baustein brauchen dann keinen externen USB-Stick mehr, um ReadyBoost zu nutzen.

Dieser Flashspeicher ist schneller als eine Festplatte. Daten werden dort vorgehalten, anstatt erst von Festplatte geladen werden zu müssen, daher gelangen sie schneller zum RAM und zum Prozessor.

1.5 Notebook beschleunigen – Arbeitsspeicher aufrüsten

Schritt	Bemerkung
	Mit einem Kreuzschlitzschraubendreher entfernen Sie die Schraube und klappen anschließend den Deckel auf.
	Anschließend setzen Sie das Speichermodul in den freien Steckplatz ein. Achten Sie hier darauf, dass der Speicher gleichmäßig und gerade im Sockel sitzt.
	Ist der Speicher ordnungsgemäß im Steckplatz eingerastet, halten die seitlichen Halteklammern das Modul im Steckplatz. Anschließend setzen Sie den Deckel wieder auf und befestigen ihn mit der entsprechenden Schraube.

1.6 Mehr Platz schaffen – Festplatte tauschen

Auch hier gilt: Bei Aufrüstmaßnahmen und Bastelarbeiten am Notebook ist nicht nur das Notebook auszuschalten, auch Netzstecker und Akku sind vom Gerät zu entfernen.

Im Gegensatz zum RAM-Speicher ist der Austausch bzw. das Aufrüsten des Festplattenspeichers eine komplizierte Angelegenheit. So kann abhängig vom Hersteller und vom Modell des Notebooks das Wechseln der Festplatte innerhalb von fünf Minuten erledigt sein, aber im schlimmsten Fall erstreckt sich die Aufrüstmaßnahme über mehrere Stunden, falls das Gehäuse geöffnet und zerlegt werden muss.

Wie immer finden Sie im Handbuch des Notebooks Informationen über die Bauform und den Ort der Festplatte im Gehäuse. Ist die Festplatte in einer Schublade

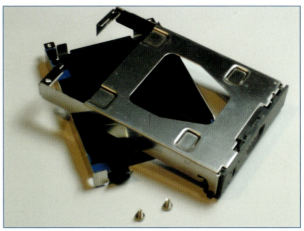

Abb. 1.48 – Der Idealfall: Manche Hersteller verbauen die Festplatte in einer Schublade, die einfach in das Notebook gesteckt wird.

montiert, finden sich meist seitlich am Notebook Schiebehalterungen. Einmal betätigt, lässt sich der Festplattenkäfig herausziehen und die Festplatte mit wenigen Handgriffen ersetzen.

Mehr Platz und Geschwindigkeit – Festplatte wechseln
Deutlich komplizierter wird es, wenn das Notebook nahezu komplett auseinandergenommen werden muss, um überhaupt an die verbaute Festplatte heranzukommen. Hier orientieren Sie sich zunächst an den im Abschnitt „1.4 Um- und Aufrüstarbeiten am Notebook" ab Seite 23 beschriebenen Schritte, um die Tastatur zu entfernen und das Gehäuse zu öffnen.

Abb. 1.49 – Bei diesem Toshiba-Notebook müssen nur zwei Schrauben auf der Bodenplatte des Notebooks gelöst werden, um die Festplatte herausnehmen zu können.

1.6 Mehr Platz schaffen – Festplatte tauschen

1. Ist das Notebook-Gehäuse offen, prüfen Sie, mit welcher Halterung die Festplatte im Notebook montiert ist. Oft sind hier noch ein paar Schrauben zu lösen, damit sich die Festplatte vom Mainboard abziehen lässt. Hier sollten Sie äußerst behutsam vorgehen, da der Stecker zum Anschluss der Festplatte häufig nur ein ganz dünnes FPC-Kabel besitzt, das leicht abreißen kann.
2. Entfernen Sie die Festplatte – der Steckpfosten führt hier nicht das Datenkabel, sondern auch die Stromversorgung der Festplatte. Doch glücklicherweise sind die Festplattenstecker verpolungssicher ausgeführt, sodass hier nur mit bösem Willen oder allergrößter Gewalt ein Fehler passieren kann.

Abb. 1.50 – Zunächst lösen Sie die Schrauben, um die Festplatte aus dem Gehäuse zu befreien. Rechts im Bild ist der Steckpfosten der Festplatte zu sehen.

Abb. 1.51 – Ausbau erfolgreich: Beim Entnehmen der Festplatte sollte das FPC-Anschlusskabel nicht nur im Notebook angeschlossen bleiben, sondern auch keinen Zugbelastungen ausgesetzt werden.

Anschlüsse und Stecker für Notebook-Festplatten

Für den Anschluss der Notebook-Festplatte haben die Hersteller unterschiedliche Stecker und Steckverbindungen. Die Anschlüsse auf der Festplatte selbst sind immer gleich. So sind sowohl der Strom- als auch die Datenpfosten in einer Steckleiste zusammengefasst. Der passende Stecker ist verpolungssicher ausgeführt, sodass beim Anschluss keine Fehler unterlaufen können.

Wie das Anschlusskabel von der Festplatte zum Mainboard ausgeführt ist, hängt vom Modell und dem Hersteller des

1.6 Mehr Platz schaffen – Festplatte tauschen

Notebooks ab. Üblich ist hier ein flaches FPC-Kabel, aber manche Hersteller setzen hier auch einen Steckerpfosten ein, mit dem die Festplatte einfach in den Festplattenanschluss des Notebook-Mainboards eingesteckt werden kann.

Neue Notebook-Festplatte in das Notebook einsetzen

Liegt die „alte" Festplatte vor Ihnen, stehen Ihnen viele Möglichkeiten zum weiteren Vorgehen zur Verfügung. In der Tabelle die wichtigsten im Überblick.

Beim Einbau der neuen Festplatte gehen Sie in umgekehrter Reihenfolge des Ausbaus vor. Ein Jumpern oder Konfigurieren der Festplatte entfällt im Gegensatz zu einem Desktop-Modell, da ein

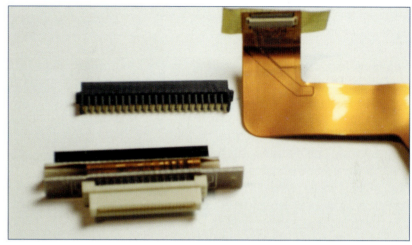

Abb. 1.52 – Große Auswahl: Je nach Hersteller und Modell des Notebooks gibt es auch unterschiedliche Bauformen und Stecker für den Anschluss von 2½-Zoll-Notebook-Festplatten.

Alte Festplatte als externe USB-Platte weiter nutzen

Wer möchte, kann die alte Festplatte auch als externe USB-Festplatte weiter nutzen. Hier bietet der Fachhandel praktische USB-Gehäuse für 2½-Zoll-Festplatten zu Preisen um die 7 Euro an.

Fall	Beschreibung	Vorteil	Nachteil
Fall 1:	Einbau einer neuen Festplatte in das Notebook mit anschließender manueller Neuinstallation des Betriebssystems via DVD.	Frisches und schlankes System.	Je nach der Menge der zu installierenden Anwendungen und zu kopierenden Daten zeitaufwendig.
Fall 2	Einbau der neuen Festplatte in das Notebook mit anschließendem Einspielen einer Komplettsicherung via Netzwerk oder CD/DVD.	Zeitsparend und professionell.	Es zieht unter Umständen viel Datenmüll und Ballast mit um.
Fall 3	Klonen der Daten der alten Festplatte auf die neue Festplatte.	Die zeitsparendste und bequemste Methode.	Es zieht unter Umständen viel Datenmüll und Ballast mit um.

1.6 Mehr Platz schaffen – Festplatte tauschen

Notebook nur einen einzigen Festplattenanschluss besitzt.

Notebook-Festplatte als externe USB-Festplatte nutzen

Ist die alte Festplatte als Systemfestplatte im Notebook zu klein, ist sie doch nicht wertlos. Kaufen Sie ein passendes externes USB-Gehäuse, und die alte Festplatte lässt sich als Transportmedium oder als Backup-Datenträger weiter sinnvoll nutzen. Der Vorteil dieser kleinen Gehäuse ist, dass das USB-Anschlusskabel sowohl die Daten als auch den Strom für die Festplatte überträgt. Hier ist dann kein Extrastromanschluss notwendig, was natürlich gerade für den mobilen Einsatz ein dicker Pluspunkt ist, da kein passendes Netzteil sowie

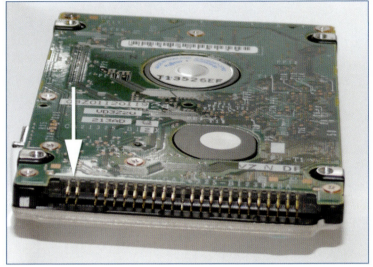

Abb. 1.53 – Links ist der Stromanschluss mit den beiden Steckbrücken zu sehen. Der lange Steckpfosten ist der Datenanschluss der 2½-Zoll-Festplatte.

Abb. 1.54 – Der Steckpfosten des USB-Gehäuses ist verpolungssicher ausgeführt.

Stromkabel mitgeschleppt werden müssen. Der Einbau einer Notebook-Festplatte in ein passendes Gehäuse ist in wenigen Minuten erledigt. Hier benötigen Sie nur einen kleinen Kreuzschlitzschraubendreher, mit dem Sie das Gehäuse nach dem Zusammenbau verschließen.

1. Nehmen Sie die Festplatte und setzen Sie den Steckpfosten des USB-Gehäuses langsam und gleichmäßig auf den Festplattenanschluss auf. Da die Verbindung verpolungssicher konstruiert ist, lässt sich dieser nicht falsch herum montieren.

1.6 Mehr Platz schaffen – Festplatte tauschen

Abb. 1.55 – Einfach zusammenstecken: Achten Sie darauf, dass die Steckverbindung einwandfrei und gerade mit der Festplatte verbunden ist.

Abb. 1.56 – Einstecken, einführen und verschrauben: Der Einbau einer Notebook-Festplatte in ein externes Gehäuse ist auch für Laien kein Problem.

2. Anschließend können Sie die Festplatte in das Gehäuse einschieben. Hier sollten Sie die Festplatte behutsam und langsam einführen, bis die Abschlussblende im Gehäuse eingerastet ist.
3. Zu guter Letzt verschrauben Sie die Blende mit dem Gehäuse. Dafür gibt es zwei kleine Schrauben, die seitlich am Gehäuse anzubringen sind. Anschließend steht das Mini-USB-Gehäuse zum Einsatz bereit und lässt sich via USB-Schnittstelle mit dem PC oder Notebook verbinden. Achten Sie hier darauf, dass Sie den schnellen USB-2.0-Anschluss verwenden. Nur dann macht das Arbeiten mit einer externen USB-Festplatte richtig Spaß.

Notebook-Festplatte mit PC/Notebook verbinden

Wer die Notebook-Festplatte nicht als externe USB-Festplatte nutzen möchte, der kann diese für Datensicherungsmaßnahmen oder zum Klonen dennoch mit einem PC verbinden. Hier ist jedoch ein Datenadapter für 2½-Zoll-AT-Bus-Festplatten notwendig, da ein Desktop-PC keinen Datenanschluss für Notebook-Festplatten besitzt.

1.6 Mehr Platz schaffen – Festplatte tauschen

Für Bastler und jene, die mal eben schnell eine Festplatte (P-ATA/S-ATA) extern via USB-Kabel an Notebook oder PC anschließen möchten, gibt es im Fachhandel auch entsprechende USB-/Festplattenadapterkabel. Bei dieser Lösung ist jedoch noch ein passender Stromanschluss vom Netzteil notwendig, damit die Festplatte mit Saft versorgt wird.

Unabhängig davon: Ist die neue Festplatte im Notebook eingebaut, wird es höchste Zeit, das Notebook bzw. die neue Festplatte in Betrieb zu nehmen.

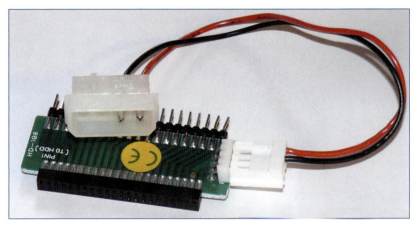

Abb. 1.57 – Mit diesem AT-Bus-Adapter können Sie eine 2½-Zoll-Festplatte im PC betreiben.

Festplattenimage auf Notebook-Festplatte zurücksichern

Egal ob Notebook oder Desktop-PC, eine frisch eingebaute Festplatte sorgt am Anfang immer für Schweißperlen auf der Stirn. Wer ein Backup der alten Festplatte zur Verfügung hat – siehe Abschnitt „1.3 Vor dem Umbau – Festplatte sichern" auf Seite 14 –, der spart sich eine Menge Zeit und Nerven, da die langwierige Installation des Betriebssystems und der Anwendungen entfällt. Um den Inhalt eines Festplattenabbilds oder einer bestimmten Partition aus einem erstellten Archiv wiederherzustellen, braucht Acronis True Image Home exklusiven Zugriff auf die Festplatte. Aus diesem Grund ist es auch am sichersten, dass dies vom bootfähigen Notfallmedium oder mit dem Acronis Startup Recovery Manager erfolgt. Anschließend lässt sich die Festplatte entweder über eine Netzwerkverbindung zu einem Netzwerkordner oder eine angeschlossene USB-Festplatte, auf der das Festplatten-Backup liegt, wiederherstellen.

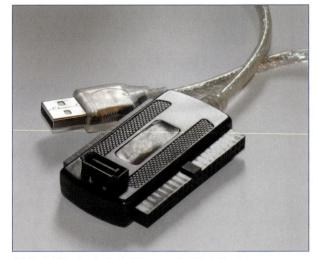

Abb. 1.58 – Egal ob S-ATA oder P-ATA: Mit diesem Adapterkabel können Sie 2½- und 3½-Zoll-Festplatten über die USB-Schnittstelle am PC oder am Notebook anschließen.

1.6 Mehr Platz schaffen – Festplatte tauschen

1. Nach dem Booten von der Rettungs-CD wählen Sie den Punkt *Wiederherstellung* aus, falls Sie das Festplattenimage von einer angeschlossenen USB-Festplatte auf die im Notebook verbaute Festplatte übertragen möchten. Liegt das Festplattenimage hingegen auf einem Netzwerklaufwerk, überprüfen Sie zunächst die Netzwerkverbindung.
2. Um nach dem Start des True Image-Notfallmediums eine Netzwerkverbindung manuell

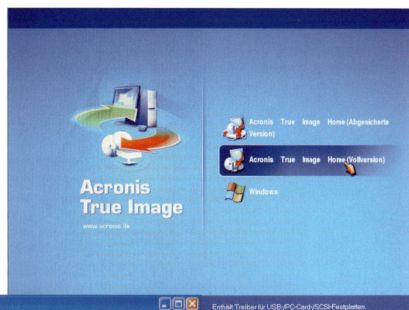

Abb. 1.59 – Ist das Notebook von der angelegten Rettungs-CD gebootet, starten Sie True Image Home per Mausklick.

herzustellen, nutzen Sie nach dem Booten den Befehl *Extras/ Optionen*. Dieser Befehl aktiviert eine Dialogbox, in der Sie die Netzwerkverbindungen sehen und bei Bedarf ändern.

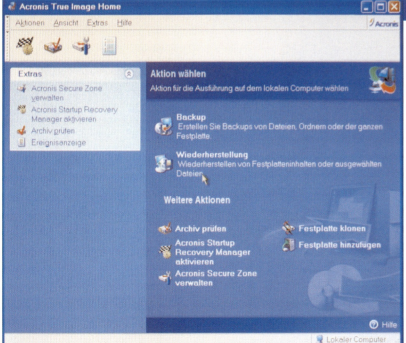

Abb. 1.60 – Übersichtlich: Über diesen Dialog lässt sich eine Festplatte wiederherstellen, Sie können aber auch den Inhalt einer Festplatte entweder direkt auf eine zweite Festplatte klonen oder in eine Imagedatei sichern.

1.6 Mehr Platz schaffen – Festplatte tauschen

3. Sind die Netzwerkeinstellungen getroffen, kann der Assistent zur Wiederherstellung der Festplatte gestartet werden. Per Klick auf *Wiederherstellung* erscheint zunächst ein Begrüßungsdialog, den Sie per Klick auf *Weiter* überspringen. Nun wählen Sie den Speicherort des Festplattenimages aus. Hier ist es unerheblich, ob es sich auf einem Netzwerklaufwerk oder auf einer zweiten Festplatte im System befindet.

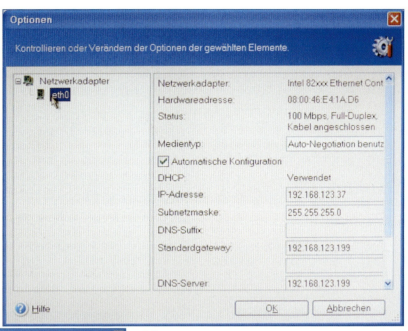

Abb. 1.61 – Wer keinen DHCP-Server im Einsatz hat, der kann in diesem Dialog die IP-Adressparameter von Hand festlegen.

4. True Image Home bietet nun die Möglichkeit, neben einem Komplett-Backup auch ausgewählte Dateien und Ordner auf die Originalfestplatte zurückzusichern. Das ist beispielsweise dann sinnvoll, wenn ein Virus oder eine unbeabsichtigte Löschaktion wichtige Dateien oder Ordner vernichtet hat. Um das Festplattenimage auf eine frisch eingebaute bzw.

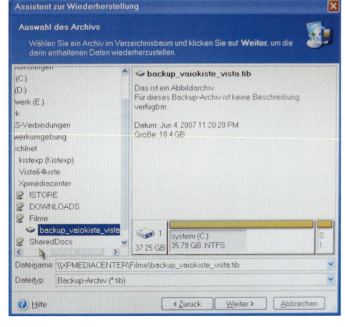

Abb. 1.62 – Klappen Sie nun über das Pluszeichen den entsprechenden Laufwerkast aus und suchen Sie die Imagedatei, die über die Dateierweiterung *.tib* zu finden ist.

1.6 Mehr Platz schaffen – Festplatte tauschen

"leere" Festplatte zu übertragen, wählen Sie *Wiederherstellung von Festplatten oder Partitionen* aus.

5. Im nächsten Schritt können Sie die Rücksicherung auf bestimmte Partitionen beschränken. Das kann aus Zeitgründen sinnvoll sein, falls nur eine einzige Partition wiederhergestellt werden soll.

6. Beim Anfertigen einer 1:1-Kopie der Festplatte sollten Sie hingegen das Häkchen an der Wurzel bei *Festplatte 1* setzen. Das bewirkt, dass sämtliche Partitionen der Festplatte auf das Ziellaufwerk zurückgesichert werden. Ist die Kapazität der "neuen" Festplatte gegenüber der Archivdatei unterschiedlich, wird die Kapazität der neuen Festplatte entsprechend vergrößert bzw. verringert.

Abb. 1.63 – Für das Einspielen des Komplett-Backups wählen Sie die erste Option. In diesem Fall werden sämtliche Daten auf der Zielfestplatte mit dem Inhalt der Archivdatei überschrieben.

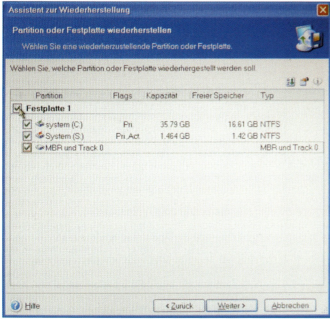

Abb. 1.64 – Achten Sie darauf, dass beim Festplatten-Klonen sämtliche Partitionen ausgewählt sind.

1.6 Mehr Platz schaffen – Festplatte tauschen

7. Bei einem Notebook ist dementsprechend nur eine einzige Festplatte in diesem Dialog verfügbar. Aktivieren Sie diese mit der Maus und klicken Sie anschließend auf *Weiter*. Danach wird direkt mit dem Übertragen des Festplattenimages begonnen, es sei denn, es befinden sich noch Daten auf der Notebook-Festplatte. In diesem Fall können Sie bestehende Partitionen weiternutzen. Sicherer ist es jedoch, dass sämtliche Partitionen auf der Zielfestplatte gelöscht werden.
8. Sind die Partitionen gelöscht, können im folgenden Dialog noch erweiterte Einstellungen getätigt werden, was aber in der Regel nicht notwendig ist.

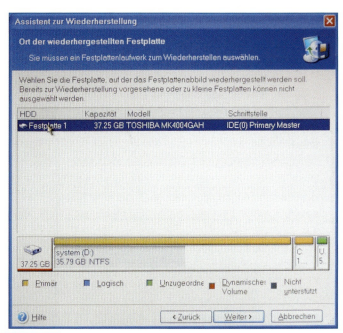

Abb. 1.65 – Hier wählen Sie das Ziellaufwerk, also die im Notebook eingebaute Festplatte, aus.

Abb. 1.66 – Auf Nummer sicher: Zunächst löschen Sie die Partitionen auf der Zielfestplatte ...

1.6 Mehr Platz schaffen – Festplatte tauschen

9. Das war's: Per Klick auf *Weiter* erscheint nun eine Zusammenfassung der konfigurierten Einstellungen. Per Klick auf *Fertig stellen* starten Sie nun die Wiederherstellung der Notebook-Festplatte aus dem Backup-Archiv.
10. Ist die Wiederherstellung erfolgreich abgeschlossen, informiert True Image Home darüber mit einem Pop-up-Fenster. Anschließend entnehmen Sie das bootfähige Notfallmedium und starten das Notebook neu. Im Idealfall erscheint nun der gewohnte Bootdialog von Windows.

Erscheint beim Windows-Start hingegen eine Fehlermeldung wie beispielsweise *\Windows\system32\winload.exe was corrupted or missing*, lässt sich dieser Fehler mit dem Einsatz der Windows-DVD beheben. Hier booten Sie

Abb. 1.67 – ... und wählen anschließend in diesem Dialog die zweite Option *Nein, es sollen keine weiteren Partitionen/Festplatten wiederhergestellt werden* aus.

Abb. 1.68 – Sicherheitsbewusste können das Archiv vor der Wiederherstellung auf etwaige Fehler prüfen.

1.6 Mehr Platz schaffen – Festplatte tauschen

das Notebook mit der Windows-DVD und wählen die Reparaturoptionen aus. Anschließend starten Sie über die Systemwiederherstellungsoptionen die Eingabeaufforderung (Command Prompt) und reparieren den MBR (Master Boot Record) der Festplatte, indem Sie folgende Befehle in der Eingabeaufforderung eingeben.

Bootrec.exe /FixMbr
Bootrec.exe /FixBoot

Zum Abschluss der Aktion entnehmen Sie die Windows-DVD und starten das Notebook neu. Nun sollte Windows Vista reibungslos starten.

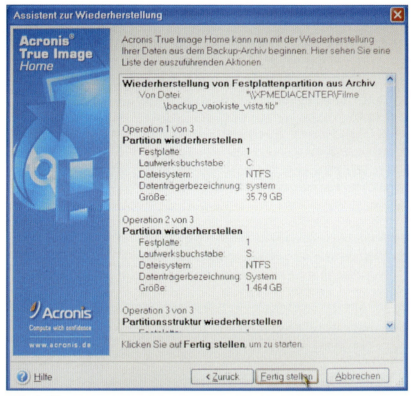

Abb. 1.69 – Haben Sie per Klick auf *Fertig stellen* die Wiederherstellung der Festplatte gestartet, dauert es rund 30 Minuten, bis sämtliche Partitionen der Festplatte aus der Archivdatei wiederhergestellt sind.

1.7 Hardcore-OP – Mainboard und Display wechseln

Zu den anspruchsvolleren Aufgaben bei der Reparatur des Notebooks gehört zweifelsohne der Austausch des Mainboards. Im Gegensatz zu einem normalen Desktop-PC sind hier deutlich mehr Aspekte zu beachten, da die Anschlüsse für Modem, Erweiterungskarten, Soundkartenanschlüsse, Notebook-Display und so weiter nicht genormt sind und sogar bei einem Hersteller oder gar beim gleichen Modell unterschiedlich sein können. Dies ist gerade bei Notebook-Serien der Fall, die eine unterschiedliche Konfiguration und unterschiedliche Anschlussmöglichkeiten aufweisen. Zu guter Letzt muss das neue Mainboard auch exakt in das alte Notebook-Gehäuse passen, um die externen Anschlüsse und Schnittstellen nutzen zu können, ohne mit der Säge am Gehäuse herumzufuhrwerken.

Augen auf beim Kauf – das richtige Ersatz-Mainboard finden

Grundvoraussetzung für den gelungenen Mainboard-Tausch ist natürlich das passende Ersatzteil. Doch wie finden Sie das am besten? Die erste und teuerste Möglichkeit ist der Hersteller, bei dem Sie mit Glück noch an das baugleiche Modell herankommen. Hier verlangt der Hersteller jedoch Apothekerpreise, und wenn man hier auch gleich den Umbau vornehmen lässt, gelangt der ganze Spaß in Preisregionen, in denen ein Neukauf günstiger ist. Die bessere und günstigere Alternative ist ein gebrauchtes Notebook, das im Idealfall mit einem Display-Schaden für wenig Geld in einschlägigen Auktionsplattformen im Internet zu finden ist. Halten Sie dort Ausschau und achten Sie auf die im Kapitel „eBay – Ersatzteillager zum Schleuderpreis" ab Seite 23 beschriebenen Aspekte.

Ersatz-Mainboard montieren

Unabhängig davon, ob Sie ein Ersatzgerät zum Ausschlachten oder ein passendes Mainboard haben, das alte Notebook muss komplett zerlegt und auseinandergenommen werden. Beim Ausbau des defekten Mainboards gehen Sie grundsätzlich vor, wie im Kapitel „1.4 Um- und Aufrüstarbeiten am Notebook" ab Seite 23 erläutert. Dokumentieren Sie jede Schraube mit einer Notiz, einem Digitalfoto o. Ä., um bei einem späteren Zusammenbau nicht einen Haufen Schrauben übrig zu haben. Der Zusammenbau erfolgt in umgekehrter Reihenfolge der ab Seite 27 beschriebenen Demontage. Hier ist es am besten, wenn Sie das alte und das neue Mainboard nebeneinan-

Abb. 1.70 – Ist das neue Mainboard im Notebook-Gehäuse montiert, beginnt die Verkabelung der Anschlüsse. Lose Kabel sollten mit einem Klebestreifen fixiert werden.

1.7 Hardcore-OP – Mainboard und Display wechseln

der positionieren und dann Schritt für Schritt die entsprechenden Anschlüsse und Kabel mit dem neuen Mainboard verbinden.

1. Bevor das Mainboard komplett im Gehäuse verschwindet, überprüfen Sie sicherheitshalber, ob auch alle Stromkabel, Flachbandkabel, Stecker etc. fein säuberlich montiert sind. Ein Kabelbruch oder ein Einriss des Flachbandkabels sorgt im dümmsten Fall dafür, dass hier gar nichts mehr geht. Bei einem fehlerhaft gesteckten Stromstecker hat dies einen Kurzschluss zur Folge!
2. Nun hangeln Sie sich schrittweise zurück und montieren nach dem Einbau des Mainboards und dessen Anschlüssen das DVD-/CD-ROM-Laufwerk, die passiven oder aktiven Lüfter für Chipsatz/Grafikkarte/Prozessor, eventuell vorhandene Anschlüsse für Modem, WLAN-Karte und die Festplatte.
3. Achten Sie darauf, dass sämtliche Anschlusskabel sauber gesteckt und im Gehäuse verlegt sind. Sitzt die Gehäuseoberschale auf den Komponenten, brauchen nur noch das Touchpad und der Tastaturanschluss verbunden zu werden, bevor Sie die Umbaumaßnahme erfolgreich abschließen.

Abb. 1.71 – Ist das Mainboard im Gehäuserahmen eingesetzt, wird es mit den passenden Schrauben fixiert.

Abb. 1.72 – Ist das DVD-Laufwerk wieder eingesetzt, verbinden Sie das Flachbandkabel mit dem Mainboard-Anschluss. Das FPC-Kabel kann anschließend auf der Oberseite mit einem Klebestreifen befestigt werden.

Bessere Sicht – Notebook-Display tauschen

Wie beim Austausch eines Mainboards zählt auch bei der Beschaffung eines passenden Notebook-Displays, dass das Ersatzteil von einem baugleichen Modell kommen muss. Der Ausbau bzw. der Tausch des Notebook-Displays ist jedoch im Gegensatz zu einem Mainboard weniger zeitaufwendig und weniger stressig. Hier reicht es im Normalfall aus, nur die Tastatur und die Gehäuseoberschale zu entfernen, um an die wichtigsten Schrauben und Anschlüsse für das Display heranzukommen.

1.7 Hardcore-OP – Mainboard und Display wechseln

1. Wie Sie Tastatur und Gehäuseoberschale entfernen, lesen Sie im Kapitel „1.4 Um- und Aufrüstarbeiten am Notebook" ab Seite 23. Anschließend inspizieren Sie die mit dem Display verbundene Seite des Notebooks. Je nach Hersteller und Modell befinden sich die Halterungen für das LCD-Display entweder in der Mitte oder links und rechts am Gerät.
2. Anschließend ziehen Sie die vom Display führenden Kabel vom Mainboard ab. Auch hier gilt: Merken Sie sich Steckrichtung und Lage der Kabel für den späteren Zusammenbau! Je nach Hersteller und Notebook-Modell ist jedoch nicht nur das Grafikkartenkabel auszustecken, sondern zig Kabel mehr. So befinden sich im Gehäusedeckel vieler Notebooks auch integrierte Lautsprecher, Mikrofon, Kamera, Lautstärkeregelung und einiges mehr.

Abb. 1.73 – Da Sie ein baugleiches Modell als Ersatzteilspender nutzen, tauschen Sie hier nicht das LCD-Display an sich, sondern den kompletten Notebook-Deckel aus. In diesem Bild beispielsweise sind nur zwei Schrauben zu lösen, damit sich das Display vom Notebook-Gehäuse entfernen lässt.

3. Ist der Gehäusedeckel samt Anschlusskabel demontiert, setzen Sie das neue LCD-Display ein und schreiten in umgekehrter Reihenfolge zum Zusammenbau des Notebooks. Auch hier gilt: Achten Sie darauf, dass sämtliche Anschlusskabel sauber gesteckt und im Gehäuse verlegt sind, bevor Sie die Gehäuseoberschale und die Tastatur wieder montieren.

Abb. 1.74 – Der Grafikkartenanschluss wird oft mit einem hauchdünnen LPC-Kabel versorgt. Hier heißt es, sorgfältig zu arbeiten.

1.8 Blu-ray- und HD-DVD-Laufwerk nachrüsten

Egal ob Blu-ray- oder HD-DVD-Technik – bevor Sie ein Blu-ray- oder HD-DVD-Laufwerk kaufen, sollten Sie das Notebook auf seine HD-Tauglichkeit prüfen. Grundvoraussetzung ist natürlich ein USB-2.0-Anschluss für den Anschluss eines externen Laufwerks, egal ob es sich um ein HD-DVD- oder ein Blu-ray-Laufwerk handelt. Für die Wiedergabe einer Blu-ray oder HD-DVD auf dem Notebook ist ein leistungsfähiger Prozessor der mobilen Core2-Klasse sowie ein moderner Grafikchip mit eigenem Speicher (kein Shared Memory, ab ATI Mobility Radeon, NVIDIA GeForce Go 7900GS oder moderner) anzuraten. Soll das Bild via DVI-Out an einem externen Bildschirm ausgegeben werden, muss auch der LCD- oder der TV-Monitor den HDCP-Standard für die Wiedergabe der verbesserten Bildqualität unterstützen. Anderenfalls bleibt der Bildschirm bei der Wiedergabe einer Blu-ray- oder HD-DVD-Scheibe aus Kopierschutzgründen schwarz.

HD-Tauglichkeit des Notebooks prüfen
Bevor Sie nun ein Blu-ray- oder HD-DVD-Laufwerk kaufen, müssen Sie die HD-Tauglichkeit sicherstellen. Zu groß ist die Gefahr, dass die Anschaffung für das Laufwerk noch weitere Kosten nach sich zieht, die das HD-Vergnügen am Notebook zu einem teuren Spaß werden lassen. Deshalb ist es sinnvoll, mit einem Diagnosetool das Notebook vor dem Kauf auf seine Kompatibilität mit Blu-ray- und HD-DVD-Laufwerken zu testen.

CyberLink stellt dafür auf seiner Webseite *www.cyberlink.com* den kostenlosen BD / HD DVD Advisor zum Download bereit, der das Notebook analysiert und auf die notwendigen Parameter für die HD-Wiedergabe prüft. Nach dem Herunterladen starten Sie das Tool. Sie können das Notebook wahlweise auf die Unterstützung für HD-DVD bzw. Blu-ray prüfen. Hier genügt der Klick auf die entsprechende Schaltfläche.

Der BD / HD DVD Advisor analysiert neben der Prozessorleistung den Arbeitsspeicher, das installierte Betriebssystem, die verbaute Grafikkarte sowie deren Treiber und die Größe des Videospeichers, das Vorhandensein eines Blu-ray-Disk- oder HD-DVD-Laufwerks, die installierte BD/HD-Wiedergabesoftware und zu

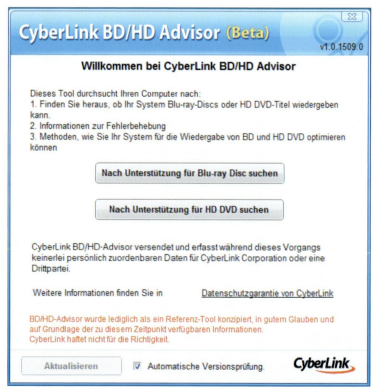

Abb. 1.75 – Haftungsausschluss – im unteren Bereich des Willkommenbildschirms will sich CyberLink nicht auf die Ergebnisse seiner Software festnageln lassen.

1.8 Blu-ray- und HD-DVD-Laufwerk nachrüsten

guter Letzt die Einhaltung des HDCP-Kopierschutzes, um sich daraus ein Urteil über die HD-DVD- bzw. Blu-ray-Kompatibilität zu bilden. Nach einem kurzen Moment präsentiert der BD/HD DVD Advisor sein Ergebnis.

Anschließend sehen Sie, ob und wo es bei der Wiedergabe von Blu-ray-Disks oder HD-DVDs im System hakt oder haken könnte. Hier bietet das Tool Hilfefunktionen zur Problemlösung an. Meldet der BD/HD DVD Advisor (wie in der Abbildung zu sehen) einen oder mehrere Warnhinweise, prüfen Sie diese Schritt für Schritt.

Blu-ray-/HD-DVD-taugliche Software

Wer HD-Filme auf seinem Notebook abspielen möchte, braucht die passende Abspielsoftware. Für die Wiedergabe von Blu-ray- und HD-DVD-Scheiben stehen entsprechende Programme oder gar ganze Suites von CyberLink, InterVideo, Nero und Roxio zur Verfügung. Hier ist es einerseits Geschmackssache, andererseits auch eine Frage des Geldbeutels. Beim Kauf eines Blu-ray- bzw. HD-DVD-Laufwerks sollten Sie auf eine beigelegte OEM-Version achten, da eine Vollversion mit mehr als 60 Euro zusätzlichen Kosten das Budget belastet.

Abb. 1.76 – Hier wurde das CyberLink-Tool auf einem Sony PCG-TR2MP aus dem Jahr 2004 mit Windows Vista 32-Bit gestartet. Keine Chance für die HD-Wiedergabe auf dem Subnotebook.

1.9 Mehr Strom für unterwegs – Akku wechseln

Warum ein neues Notebook kaufen, wenn das alte noch gut ist? Die Lebensdauer eines Notebooks ist jedoch nicht unendlich. Über kurz oder lang gibt jeder Akku den Geist auf. Mit der Zeit beginnen dann die Klagen über die immer kürzer werdende Akkulaufzeiten. Schon nach dem Kauf eines neuen Notebooks geht der schleichende Prozess los, und das Ladevermögen wird mit der Zeit immer schwächer. Das merken Sie spätestens dann, wenn dem Notebook immer früher der Saft ausgeht. Wer das Notebook intensiv und vor allem viel unterwegs nutzt, der ist früher oder später gezwungen, den Akku auszutauschen.

Neuen Akku kaufen – woher nehmen?

Je nach Alter und Hersteller des Notebooks bieten die Hersteller, aber auch Händler über einen längeren Zeitraum nach dem Kauf des Notebooks passende Ersatzakkus

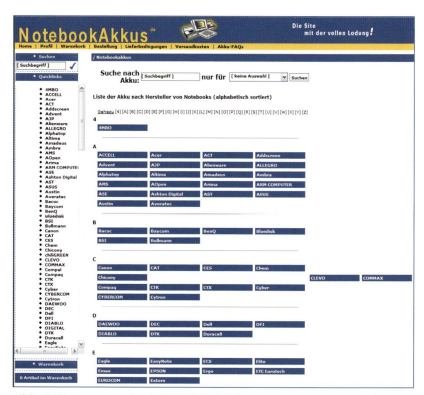

Abb. 1.77 – *www.notebookakkus.de* – Hier finden Sie für nahezu jedes Notebook-Modell den passenden Ersatzakku.

an. Da Hersteller jedoch teilweise einen saftigen Aufpreis verlangen, lohnt sich der Preisvergleich. Hier gibt es jedoch keine pauschale

1.9 Mehr Strom für unterwegs – Akku wechseln

Empfehlung. Oft lässt sich in einem Internetauktionshaus ein Schnäppchen machen, manchmal ist der Fachhändler um die Ecke günstiger.

Grundsätzlich können Sie für einen neuen Akku um die 100 Euro kalkulieren. Diese Investition lohnt jedoch nur dann, wenn das Notebook auch oft über den Akku betrieben wird. Bei einem Wohnzimmer-Notebook, das permanent am Netzteil hängt, ist die Investition überflüssig.

Akkupflege – darauf kommt es an

Egal ob Sie einen nagelneuen oder noch den allerersten Akku im Notebook stecken haben, jeder Akku hat eine begrenzte Lebensdauer. Wer das Notebook oft oder ausschließlich am Netzteil betreibt, der sollte den Akku dennoch mindestens einmal im Monat vollständig entladen, da er auch ungenutzt an Kapazität verliert. Hier betreiben Sie am besten das Notebook, bis noch etwa 20 % der Akkuladung zur Verfügung stehen.

Eine Komplettendladung sorgt ebenso für schneller schwindende Lebensdauer wie das permanente Aufladen eines Akkus. Hier kommt es jedoch auf den Akkutyp an. Da NiMH-Akkus (Nickel-Metallhydrid-Akkus) keine Schwermetalle verwenden, gelten sie als umweltfreundlicher. Zudem bieten NiMH-Akkus bei gleicher Baugröße eine höhere Kapazität (Ah, Amperestunden).

Mit dem Amperestundenwert lässt sich die Leistung von Akkus vergleichen: Der Wert Ampere mal Zeiteinheit drückt die Kapazität des Akkus aus – je mehr, desto besser. Lithium-Ionen- und Polymer-Akkus lassen sich jedoch im Gegensatz zu NiMH-Akkus häufiger und vor allem schneller laden, ohne dass der Akku dabei beschädigt wird. Diese sind technisch gesehen auf mehrere Ladezyklen ausgelegt, damit kein sogenannter Memory-Effekt auftritt.

Wellnesskur für den Akku – richtig zykeln

Um die Leistungsfähigkeit des Akkus möglichst lange zu erhalten, sollte der Akku regelmäßig genutzt werden. Da viele Anwender jedoch den Akku sporadisch nutzen und im Gerät lassen, läuft dieser permanent auf Erhaltungsladung. Um die Lebensdauer zu vergrößern, sollte ein Akku zwei- bis dreimal in seinem Leben „gezykelt" werden. Hierbei wird er zwei- bis dreimal hintereinander komplett entladen und auf volle Kapazität aufgeladen. Durch diese Maßnahme lassen sich Akkus auffrischen, die schon nach etwa zwei Jahren bereits mehr als die Hälfte ihrer Kapazität verloren haben, oder

1.9 Mehr Strom für unterwegs – Akku wechseln

gar wiederbeleben, falls sie auf Null-Spannung laufen. Doch trotz Power-Management und allen Akkutricks ist die Lebensdauer eines Akkus beschränkt. Um die Leistungsfähigkeit und Lebensdauer im Betrieb zu beobachten, können Sie unter Windows Vista die Energie-Optionen nutzen oder ein zusätzliches Tool wie die im Abschnitt „Intel Centrino – Prozessor & Co. im Griff" ab Seite 115 beschriebene Freeware *Notebook Hardware Control* verwenden.

Abb. 1.78 – Notebook Hardware Control arbeitet mit nahezu jedem Notebook zusammen und zeigt die Leistung des Akkus im laufenden Betrieb an.

2 Windows-Umstieg von XP auf Vista – Upgrade-Installation

Nicht jedes ältere Notebook kommt mit Windows Vista klar. Hier ist es zu empfehlen, mithilfe des Vista Upgrade Advisor schon im Vorfeld etwaige Hardwareprobleme zu erkennen, bevor eine Windows Vista-Version im Einkaufskorb liegt. Wer zu faul ist, sämtliche Anwendungen und Tools unter Windows Vista erneut zu installieren, sollte statt einer Neuinstallation die sogenannte Upgrade-Installation durchführen. So lässt sich ein Windows 2000 oder Windows XP mit Windows Vista upgraden. Voraussetzung hierfür ist, dass Sie die Vista-Setup-Routine aus dem bereits laufenden Windows-System heraus starten. Es genügt, die Vista-Installations-DVD in das Laufwerk einzulegen und per Mausklick die Installationsroutine zu starten. Doch abhängig davon, welches Notebook Sie einsetzen, welche Festplatte im Notebook steckt und so weiter – bevor die eigentliche Installation von Vista auf dem Notebook erfolgt, sollten Sie verschiedene Vorbereitungen treffen, um etwaige Probleme und möglichen Ärger von vornherein zu vermeiden.

2.1 Vista-Upgrade-Installation – wichtige Vorbereitungen

Egal ob Sie Windows Vista upgraden oder frisch installieren, das Notebook sollte bei der Installation nicht zuletzt aus Zeitgründen immer mit voller Leistung arbeiten. Dazu gehört, dass der Akku aufgeladen ist und Stromsparmechanismen zumindest vorübergehend deaktiviert sind. Ideal ist die Vista-Installation mit eingestecktem Netzteil, da Sie sich dann keine Gedanken darüber machen müssen, ob die Akkulaufzeit für die Vista-Installation ausreicht.

Mindestens ebenso wichtig ist es, das vorhandene Betriebssystem auf den aktuellen Stand zu bringen. Werkzeuge wie der Vista Upgrade Advisor laufen nur, wenn bestimmte Betriebssystemkomponenten relativ aktuell sind, wie beispielsweise das .NET Framework, ohne das eigentlich unter Windows Vista kaum etwas funktioniert.

Abhängig davon, welches Betriebssystem Sie einsetzen, spielen Sie die aktuellen Updates und Patches ein, bevor die Vista-Installations-DVD zum Einsatz kommt. Im Fall von Windows XP nutzen Sie am besten den Windows-Update-Mechanismus, der das Notebook mit den wichtigsten und notwendigen Updates für das Betriebssystem versorgt.

Im nächsten Schritt können Sie für die angeschlossenen Geräte und Komponenten die Treiberunterstützung prüfen und gegebenenfalls aktualisieren. So sind die Chancen größer, dass auch Vista mit den alten XP-Treibern klarkommt, falls Vista hierfür keine Treiberunterstützung bereitstellt.

Vista-tauglich oder nicht? – Vista Upgrade Advisor im Einsatz
Um auch ältere PCs und Notebooks auf ihre Vista-Kompatibilität prüfen zu können, nutzen Sie den Vista Upgrade Advisor von Microsoft.

> **XP- und Vista-Treiber besorgen**
>
> Wenn Sie schon mal auf den Treiberseiten für das Notebook unterwegs sind, dann laden Sie sich neben den XP-Treibern auch schon mal die Vista-Treiber herunter. Aus Aktualitätsgründen kann der neuere, herstellerbasierte Treiber besser als der Vista-eigene Treiber funktionieren, muss es aber nicht. Hier ist späteres Ausprobieren angesagt, wenn Vista auf dem Notebook läuft. Doch zunächst prüfen Sie, ob das Notebook überhaupt Vista-tauglich ist oder nicht.

Abb. 2.1 – Per Klick auf die Schaltfläche *Überprüfung starten* wird das Windows XP-Notebook auf seine Vista-Tauglichkeit geprüft.

2.1 Vista-Upgrade-Installation – wichtige Vorbereitungen

Der *Windows Vista Upgrade Advisor* ist unter Windows XP lauffähig und prüft, ob das Notebook für ein Upgrade auf Windows Vista tauglich ist, und er gibt wertvolle Hinweise für einen eventuellen Umstieg.

Nach dem Download und der Installation legt das Programm per Klick auf die Schaltfläche *Überprüfung starten* los. Gegebenenfalls ist zuvor noch die Installation von .NET Framework 1.1 sowie MSXML 4.0 notwendig, was für die Ausführung des Windows Vista Upgrade Advisor notwendig ist.

Abb. 2.2 – Nach Abschluss der Überprüfung gibt der Windows Vista Upgrade Advisor einen detaillierten Bericht per Klick auf die Schaltfläche *Details anzeigen* aus.

Vista Upgrade Advisor starten
Der Windows Vista Upgrade Advisor benötigt einige Minuten, um das Notebook in aller Ruhe zu prüfen. Hier werden neben den Hardwarevoraussetzungen und installierten Gerätetreibern auch die installierten Anwendungen und Spiele auf ihre Vista-Kompatibilität untersucht. Sie sollten darauf achten, dass beim Test alle externen Geräte wie Scanner, Drucker, USB-Festplatten, Netzwerkgeräte etc. an das Notebook angeschlossen und aktiv sind.

Vista Upgrade Advisor-Bericht analysieren
Nach Abschluss der Überprüfung klicken Sie auf die Schaltfläche *Details anzeigen*. Hier gibt die Software zunächst an, welche Vista-Version der Windows Vista Upgrade Advisor für das geprüfte Notebook empfiehlt. In diesem Beispiel schlägt das Tool die Version *Windows Vista Business* für einen etwaigen Vista-Umstieg vor.

In diesem Dialog prüfen Sie zunächst das Ergebnis der Systemanforderungen von Windows Vista. In diesem Bereich listet das Tool die aufgespürten, bei einer etwaigen Vista-Installation zu erwartenden Probleme auf. Im Folgenden wird die zu geringe Festplattenkapazität für Windows Vista bemängelt. Für eine Windows Vista-Installation wird eine freie Festplattenkapazität von mindestens 15 GByte empfohlen.

Neben der Festplattenkapazität bemängelt das Microsoft-Tool die für Windows Vista zu geringe Menge an installiertem Arbeitsspeicher von 512 MByte. Dies reicht zwar für die sogenannten Kernfunktionen von Vista aus, ist aber in der Praxis deutlich zu wenig. Hier ergibt ein späteres Aufrüs-

2.1 Vista-Upgrade-Installation – wichtige Vorbereitungen

ten auf 1 oder – falls das Notebook dies unterstützt – besser 2 GByte RAM durchaus Sinn. Abhängig vom Innenleben des geprüften PCs können noch weitere Systemkomponenten bemängelt werden – lesen Sie die Spalten *Erforderliche Aktion* bzw. *Erklärung* aufmerksam durch.

Um zu überprüfen, welche der verbauten bzw. angeschlossenen Hardwarekomponenten und

Abb. 2.3 – Erfolg: Windows Vista lässt sich grundsätzlich auf der getesteten Maschine ausführen! Welche Maßnahmen und Erweiterungen dafür notwendig bzw. welche Probleme zu erwarten sind, muss noch Schritt für Schritt geklärt werden.

Geräte im Detail von Vista unterstützt werden und welche nicht, klicken Sie auf die Schaltfläche *Geräte* im oberen Bereich des Fensters. In der Spalte *Erforderliche Aktion* bekommen Sie detaillierte Informationen darüber, welche Schritte für den Vista-Umstieg notwendig sind, ob ein Treiber

Abb. 2.4 – Grafikkarte und Systemspeicher (RAM) – beide Systemmerkmale sind für Windows Vista derzeit nicht ausreichend.

2.1 Vista-Upgrade-Installation – wichtige Vorbereitungen

oder Update dafür zur Verfügung steht oder ob es in Sachen Vista-Unterstützung eher mau ausschaut.

Altlasten entsorgen – installierte Programme prüfen
Doch nicht nur die eingesetzte Hardware und externe Komponenten wie Scanner, Drucker etc., sondern auch die installierten Anwendungen, Tools und Spiele müssen explizit für Windows freigegeben sein, damit sie problemlos laufen. Der Upgrade Advisor klopft das XP-System nach solchen Programmen ab und listet diese im Bereich *Programme* übersichtlich auf. Abhängig vom Hersteller eines eingesetzten Programms und dessen Programmversion kann es vorkommen, dass ein Programm als nicht Vista-kompatibel angezeigt wird. Hier empfiehlt Microsoft vor einem Upgrade auf Vista die Deinstallation solcher Programme.

Hier empfiehlt es sich, das Analyseergebnis ernst zu nehmen und Vista-inkompatible Anwendungen zu deinstallieren. Dies nehmen Sie bei Windows XP über die *Systemsteuerung* im Bereich *Software* vor. Je nach Software ist ein erneuter Neustart des Systems notwendig, um die inkompatible Anwendung vollends von der Festplatte zu tilgen, hier verhält sich jedoch jede Software anders. Anschließend entrümpeln Sie die Festplatte, gerade deinstallierte Anwendungen hinterlassen auf der Festplatte ihre Spuren und nehmen unnötig Speicherplatz ein.

Festplatte voll – Speicherplatzfresser finden
Egal, wie viele GByte die Festplatte im Notebook auch hat: Irgendwann ist sie einfach voll. Gerade für das Anfertigen eines Backups bzw. einer Imagedatei ist zu empfehlen, die Festplatte zu entrümpeln und Speicherplatz freizuschaufeln. Zur schnellen Ermittlung der größten Speicherplatzfresser kann zwar der Explorer über die Dateisuche verwendet werden, doch diese Herangehensweise ist nicht nur etwas umständlich, auch das Ergebnis ist mehr schlecht als recht visualisiert. Bequemer finden Sie große, möglicherweise nutzlose Dateien mit dem Freewaretool *Sequoia*, das im Internet (*www.win.tue.nl/sequoiaview/*) erhältlich ist. Nach der Installation starten Sie das Programm und wählen das gewünschte zu analysierende Laufwerk aus. Nach einem kurzen Augenblick stellt Sequoia alle Dateien als geometrisch angeordnete Quadrate dar,

Problemtyp	Kategorie	Erforderliche Aktion	Erklärung
⚠	Grafikkarte	Wir empfehlen, nach der Installation von Windows Vista die Grafikkarte zu aktualisieren.	Ihre aktuelle Grafikkarte unterstützt die Windows Aero™-Desktopoberfläche nicht. Erkundigen Sie sich beim Computerhersteller oder Händler nach Erweiterungsmöglichkeiten. Eine Liste der Grafikkarten, die Windows Aero unterstützen, finden Sie hier.
⚠	Systemspeicher (RAM)	Wir empfehlen, nach der Installation von Windows Vista den Arbeitsspeicher zu erweitern.	Ihr Computer verfügt über 512,00 MB RAM und kann die Kernfunktionen von Windows Vista ausführen. Für eine optimale Leistung der Windows Aero™-Benutzeroberfläche sowie für Fernsehaufzeichnungen, anspruchsvolle Spiele, Fotobearbeitung und Multimediaprogramme wird mindestens 1 GB RAM empfohlen. Erkundigen Sie sich beim Computerhersteller oder Händler nach Erweiterungsmöglichkeiten.

Abb. 2.5 – Systemkomponenten mit einem Ausrufezeichen sind nur dann unter Windows Vista lauffähig, wenn Sie später ein passendes Vista-Update des Programms einspielen. Manchmal funktionieren solche Programme auch trotz Warnung reibungslos oder haben den einen oder anderen kleineren Bug.

2.1 Vista-Upgrade-Installation – wichtige Vorbereitungen

deren Größenverhältnis der Dateigröße auf der Festplatte entspricht.

Um herauszufinden, welche Datei für ein besonders großes Quadrat verantwortlich ist, navigiert man einfach mit der Maus über das entsprechende Quadrat. Anschließend zeigt *SequoiaView* den vollständigen Dateipfad an. Mit der rechten Maustaste rufen Sie nun den Windows-Explorer auf, der das entsprechende Verzeichnis öffnet. Anschließend können Sie entscheiden, ob die Datei noch gebraucht wird oder nicht. Im letzteren Fall löschen Sie diese Datei einfach über den Explorer, um Speicherplatz freizugeben.

Wenig Speicherplatz? – Festplatte entrümpeln

Wenn die Festplatte immer kleiner wird und am Ende immer weniger Festplattenkapazität zur Verfügung steht, heißt es handeln. Entweder ist eine neue Festplatte nötig, oder das Entrümpeln der Festplatte, also ein Backup wichtiger Daten und Anwendungen, ist angesagt. Doch meist bringt das einfache Entrümpeln der Daten keinen nennenswerten Kapazitäts- und Geschwindigkeitsgewinn. Windows bleibt langsam und träge.

In diesem Fall ziehen Profis die Radikallösung aus dem Ärmel. Das Betriebssystem und die Anwendungen werden neu installiert. Die Folge: Windows läuft wie geschmiert. Doch mit der Zeit ist auch diese Vorgehensweise extrem lästig, denn sie kostet nicht nur Zeit, sondern auch Nerven. Installationsärger, fehlende Updates und Treiberkonflikte sind an der Tagesordnung.

Neben den Vista-inkompatiblen Anwendungen können Sie auch kaum oder nie genutzte Anwendungen bei dieser Gelegenheit deinstallieren. Gerade vorinstallierte Notebooks bringen teilweise eine Fülle vorinstallierter Software mit, die Speicherplatz auf der Festplatte verbrät, aber kaum genutzt wird. Hier liegt es in Ihrem Ermessen, welche Software mit zu Vista umziehen soll und welche nicht. In jedem Fall sollten Sie eine Anwendung oder ein Spiel nur dann deinstallieren, wenn dafür die Installationsdatei oder ein Datenträger zur Verfügung steht, um sie später bei Bedarf auch wieder installieren zu können.

Anschließend prüfen Sie die Installationsverzeichnisse der dein-

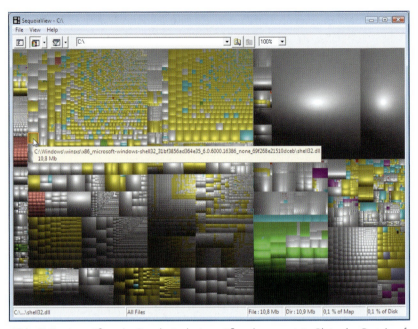

Abb. 2.6 – Je größer ein Quadrat, desto größer der genutzte Platz der Datei auf der Festplatte: Vergessene Imagedateien vom DVD-Kopieren, alte Videodateien oder Outlook-Sicherungsdateien sind die größten Speicherfresser.

2.1 Vista-Upgrade-Installation – wichtige Vorbereitungen

stallierten Programme nach Rückständen und löschen oder sichern diese gegebenenfalls. Dazu gehört auch das versteckte Verzeichnis *C:\Dokumente und Einstellungen\ IHR-LOGINNAME\Anwendungsdaten*, in dem viele Anwendungen versteckte Optionen und Einstellungen abspeichern und damit Speicherplatz belegen können. Neben den unnötigen Spielen und Anwendungen nehmen Update-Sicherungsdateien ebenfalls eine Menge an Speicherplatz auf der Festplatte weg.

Lief beispielsweise das bereits installierte Windows XP in der Vergangenheit reibungslos und gab es in Sachen Updates und Patches keine Probleme, brauchen auch die alten Sicherheitskopien nicht als Ballast mit zur Vista-Installation überführt werden. Hier öffnen Sie den Windows-Explorer und dann das Windows-Verzeichnis, in dem sich (in blauer Schrift gekennzeichnet) die Sicherheitskopien der XP-Updates in chronologischer Reihenfolge befinden. Sie brauchen sich nicht zu wundern, es kommen tatsächlich schon mehrere hundert MByte an überflüssigen Daten zusammen, die anschließend gelöscht werden können.

Je länger Sie mit Windows arbeiten, desto mehr Müll und unnötige Dateileichen sammeln sich auf

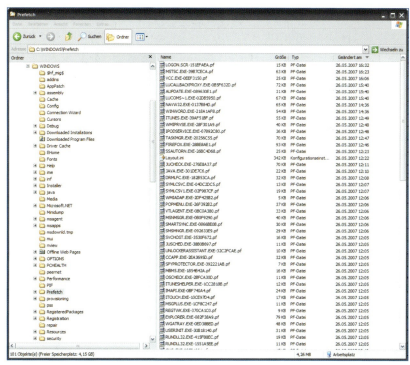

Abb. 2.7 – Auch der Ordner *C:\Windows\prefetch* kann vor dem Vista-Umstieg bedenkenlos geleert werden.

einer Festplatte an. Hier setzen Sie geeignete Dateifilter ein, um diese von vornherein vom Backup auszuschließen.

Die Dateiendungen tragen Sie im Suchfenster des Explorers jeweils durch ein Semikolon getrennt ein. Im nächsten Schritt entfernen Sie die temporären Dateien, die sich in den verschiedenen Temp-Verzeichnissen auf der Festplatte befinden. Dazu gehören auch der Webbrowsercache, temporäre Verzeichnisse für die Brenner- oder Videobearbeitungssoftware und so weiter. Suchen Sie hier in folgenden Verzeichnissen nach Datenmüll:

C:\temp
C:\tmp
C:\windows\temp
C:\windows\tmp

Wird es in Sachen Speicherplatz eng auf der Festplatte, können auch der Ordner *C:\WINDOWS\system32*

2.1 Vista-Upgrade-Installation – wichtige Vorbereitungen

dllcache sowie der Ordner *C:\WINDOWS\DriverCache* geleert werden. Hier handelt es sich um sämtliche Original-XP-Treiber, die sich auch auf der Windows-XP-Installations-CD befinden. Der *DriverCache* wird nur dann gebraucht, wenn eine neue Komponente oder ein Gerät unter Windows XP installiert wird – ist das *DriverCache*-Verzeichnis leer, fordert Windows XP zur Eingabe der Windows-XP-CD auf und holt die benötigten Treiber von CD. Auch die Service Pack-Dateien im Windows-Verzeichnis müssen nicht zwingend mit zu Vista umziehen. Im nächsten Schritt optimieren Sie die Windows XP-Registry für das Vista-Upgrade.

Festplatte beschleunigen – vor dem Vista-Umstieg defragmentieren

Wie schon bei früheren Betriebssystemen zählt auch heute, dass für die Optimierung des Festplattenzugriffs eine regelmäßige Defragmentierung der Festplatte nicht nur sinnvoll, sondern auch notwendig ist. Denn im tagtäglichen Gebrauch sind die sogenannten Sektoren einer Festplatte durcheinander und zerstreut (fragmentiert) auf der Festplatte angeordnet. Die Ursache dafür ist vorwiegend das Verschieben und Löschen von Dateien und

Ausschließbare Dateierweiterungen, Dateien und Ordner	Bemerkung
.~	Temporäre Dateien
~*.*	Temporäre Dateien
*.??~	Temporäre Dateien
*.—-	Temporäre Dateien
*.tmp	Temporäre Dateien
*.~mp	Temporäre Dateien
*.~mp	Temporäre Dateien
*.old	Temporäre Backup-Dateien
*.bak	Temporäre Backup-Dateien
*.chk	Temporäre Backup-Dateien
*.gid	Temporäre Hilfsdateisuchdateien
*.dmp	Temporäre Dump-Dateien
mscreate.dir	Temporäre Verzeichnisinformationsdateien
pagefile.sys	Windows-Auslagerungsdatei (wird beim Windows-Neustart immer neu geschrieben)
C:\Windows\Temp	Temporärer Windows-Ordner (Achtung: nur Inhalt des Verzeichnisses, nicht Verzeichnis ausschließen)
C:\Temp	Temporärer Windows-Ordner (Achtung: nur Inhalt des Verzeichnisses, nicht Verzeichnis ausschließen)

Ordnern. Da dieser freie Speicherplatz nach dem Löschvorgang für frische Daten zur Verfügung steht und diese selten die gleiche Größe besitzen, bleiben mit der Zeit immer kleinere und größere Schnipsel frei und werden gegebenenfalls auf verschiedenen Sektoren gespeichert.

Diese Zerstückelung der Daten hat zur Folge, dass höhere Zugriffszeiten auftreten, da die Festplatte mehr Lesekopfbewegungen benötigt, um die Daten auszulesen. Um diese einzelnen Dateiblöcke wieder zusammenzufügen, ist der regelmäßige Einsatz eines Defragmentierwerkzeugs empfehlenswert.

2.1 Vista-Upgrade-Installation – wichtige Vorbereitungen

Damit werden nicht nur schnellere Zugriffszeiten erreicht, sondern auch ein Mehr an freiem Festplattenspeicher. Ein weiterer Vorteil: Durch das regelmäßige Defragmentieren der Festplatte steigen auch die Chancen im Fall einer Datenrettung im Unglücksfall, da möglicherweise nicht so viele Daten vom GAU betroffen sind. Abhängig davon, ob die zu defragmentierende Partition ein Systemlaufwerk ist oder nicht, säubert Windows nach dem nächsten Bootvorgang automatisch die ausgewählte Festplattenpartition. Abhängig von der Kapazität der Fest-

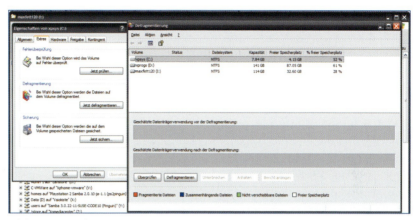

Abb. 2.8 – Einfach per Mausklick: Wählen Sie bei Windows XP die Festplattenpartition mit der Maus aus. Im Kontextmenü der rechten Maustaste wählen Sie *Eigenschaften* und klicken im Register *Extras* auf die Schaltfläche *Jetzt defragmentieren*. Anschließend starten Sie per Klick auf *Defragmentieren* die Windows-Putzkolonne.

platte dauert dies einige Zeit – bei großen Festplatten stecken Sie das Notebook vorsichtshalber am Netzteil an.

Registry optimieren und ausmisten

Die Registry gehört zu dem wichtigsten Bestandteil von Windows. Je länger Windows im Betrieb ist, desto mehr Einträge sammeln sich hier an. Gerade wenn Anwendungen und Spiele deinstalliert werden, ist die Gefahr groß, dass sich hier viele überflüssige und verwaiste Einträge befinden, die nicht mitgenommen werden müssen. Da die Registry auch ziemlich zickig reagiert, wenn falsche und wichtige

Abb. 2.9 – *www.ashampoo.com/* – Mit dem Ashampoo Magical Optimizer lässt sich nicht nur die Registry optimieren, sondern er entfernt auch überflüssige Einträge und Daten von der Festplatte komfortabel per Mausklick. Nach der vollautomatisch ablaufenden Reinigung zeigt das Tool den Speicherplatzgewinn und eine kleine Statistik der gelöschten Dateien und Registry-Schlüssel an.

2.1 Vista-Upgrade-Installation – wichtige Vorbereitungen

Einträge gelöscht werden, empfiehlt es sich, zunächst die Registry zu sichern. Anschließend können Sie die Registry Schritt für Schritt nach Datenmüll durchforsten und diesen löschen. Da dies eine ziemlich lästige und vor allem zeitraubende Arbeit ist, können Sie sich hier mit Freewarewerkzeugen wie Regcleaner und Co. behelfen. Bessere und teilweise kostenpflichtige Registry-Tools bieten neben dem klassischen Entrümpeln auch ein Defragmentieren und Komprimieren der Registrierungsdatei an, was zusätzlich Platz auf der Festplatte einspart.

Thunderbird und Outlook entrümpeln

Zu guter Letzt prüfen Sie oft genutzte und speicherintensive Anwendungen auf überflüssige Daten. Gerade bei Mailclients im Allgemeinen und bei Mozilla Thunderbird, Outlook Express und Outlook im Speziellen sammeln sich standardmäßig viel Müll, Spam und nutzlose Post an, die meist mehrere hundert MByte und mehr an Speicherplatz auf der Festplatte verschwenden. Hier durchforsten Sie Bereiche wie *Gesendete Objekte*, *Posteingang*, *Papierkorb* und vielleicht noch weitere Unterordner nach nutzlosen Mails, Junk, Spam und automatisch generierten Mails aus Verteilern. Grundsätzlich können Ordner wie *Gelöschte Objekte*, *Papierkorb*, *Junk-Mail*, *Spam-Verdacht* und ähnliche regelmäßig geleert werden. Prüfen Sie hier Schritt für Schritt die vorhandenen Ordner und Unterordner sowie die gesendeten und eingegangenen Mails – das Notebook dankt es Ihnen mit einer größeren Festplattenkapazität und höhere Zugriffsgeschwindigkeit auf die Daten.

Backup für alle Fälle – wichtige Daten sichern

Das Brennprogramm Nero drängt sich für das Anfertigen einer Sicherung der wichtigsten Daten auf dem Notebook förmlich auf. Bei den meisten DVD-Brennern ist es sowieso schon als OEM-Version im Lieferumfang enthalten. Doch bevor Sie eine Backup-Scheibe anfertigen, sollten Sie die zu sichernden Daten entrümpeln, unnötige Duplikate entfernen und die Daten übersichtlich sortieren, damit diese später leichter zu finden sind. Nach dem Start von Nero erscheint zunächst ein Dialogfenster, in dem Sie den Typ der zu erstellenden DVD bzw. CD oder im Fall eines angeschlossenen Blu-ray-Brenners Blu-ray auswählen können.

Für ein großes Backup empfiehlt sich natürlich der größte verfügbare Datenträger, denn es ist nicht sinnvoll, ein Backup der Daten auf zig CDs zu machen, wenn das Backup auch auf einen einzigen DVD- oder einen Blu-ray-Rohling passt. Egal ob Sie eine Backup-CD/-DVD oder eine Backup-Blu-ray-Scheibe brennen, die Herangehensweise ist immer die gleiche.

1. Haben Sie in Ihrem Notebook bereits einen CD- oder DVD-Brenner und nutzen zusätzlich ein externes USB-Gerät wie beispielsweise einen DVD- oder Blu-ray-Brenner, können Sie bei Nero auswählen, welches Gerät zum Anfertigen der Backup-Scheibe verwendet werden soll.

2. Zunächst wählen Sie im Drop-down-Menü den Datenträgertyp aus. Für eine Daten-DVD benötigen Sie das Format DVD, für eine Blu-ray-Scheibe wählen Sie als *Neue Zusammenstellung* links im Fenster *Blu-ray-Disk* aus.

3. Beim erstmaligen Start von Nero sind noch Feineinstellungen vorzunehmen. Ganz wichtig sind die Verzeichnisse, in denen temporäre und Imagedateien abgelegt werden sollen. Beachten Sie, dass auf dem gewählten Laufwerk ungefähr bis zu 6 GByte freier Plattenspeicher vorhanden sein muss, wenn eine DVD (mit 4,7 GByte) aus verschiedenen Quellen gebrannt werden soll. Bei einer zweilagigen DVD mit 8,5 GByte (DVD+R DL, DVD-R DL) bzw.

2.1 Vista-Upgrade-Installation – wichtige Vorbereitungen

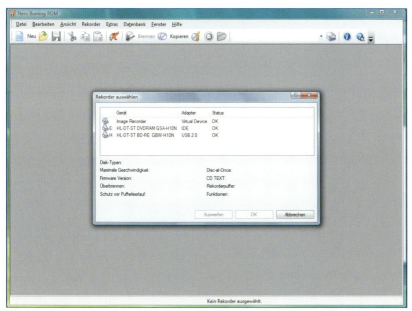

Abb. 2.10 – Sind mehrere Brenner im Einsatz, wählen Sie über das Menü *Rekorder/Rekorder auswählen* den gewünschten aus.

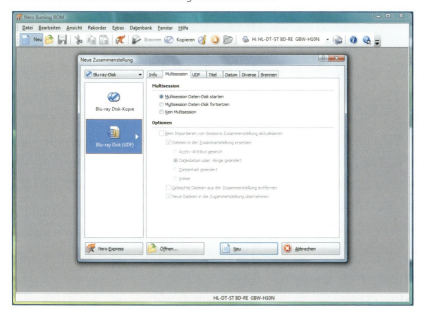

einer Blu-ray-Scheibe mit 25 GByte (BD-R oder BD-RE) wird hier noch mehr Platz benötigt, wenn das ganze Datenmaterial „gecacht", also temporär zwischengespeichert werden soll.

Daten zusammenstellen

4. Bestätigen Sie die Auswahl mit der Schaltfläche *Neu*. Nachdem alle Einstellungen vorgenommen wurden, beginnen Sie mit dem Zusammenstellen der Daten. Das Programmhauptfenster von Nero ist zweigeteilt. Im rechten Teil befindet sich der programmeigene Datei-Manager, das linke Fenster steht zur Aufnahme der zu brennenden Verzeichnisse und Dateien bereit. Als Datenquelle kann jedes Festplatten-/Netzwerklaufwerk und jedes DVD-/CD-ROM-Laufwerk in beliebig gemischter Zusammenstellung herangezogen werden.

Um Nero mitzuteilen, welche Dateien und Verzeichnisse man auf seiner DVD oder Blu-ray-Scheibe haben will, muss man

Abb. 2.11 – Abhängig davon, wie viele Daten auf die Scheibe kommen, wählen Sie hier *Multisession-Daten-Disk starten* oder *Kein Multisession* aus.

2.1 Vista-Upgrade-Installation – wichtige Vorbereitungen

jene rechts im Datei-Manager anwählen und mit der Maus in das linke Fenster ziehen. Alternativ können Sie Dateien auch per Drag & Drop aus dem Windows-Explorer auf das Nero-Zielbereichsfenster ziehen, um Daten zum Projekt hinzuzufügen. Treten beim Übertragen der Daten Probleme auf, liegt dies meist an den fehlerhaften Dateioptionen.

5. Nun werden alle Dateien und Verzeichnisse, deren Namen nicht den DOS-Konventionen entsprechen, mit dem Originalnamen in das Projekt übernommen. In der Statuszeile an unteren Rand des Programmfensters wird zu jeder Zeit der bereits vom Projekt belegte Speicherplatz angezeigt.

Für das Auge und für die Perfektionisten: Mit der rechten Maustaste klicken Sie im linken Zielfenster auf das CD-Symbol in der Wurzel des Verzeichnisbaums. Nach dem Drücken der F2-Taste tippen Sie nun einen aussagekräftigen Namen für die Scheibe ein. Alternativ können Sie über das Kontextmenü der

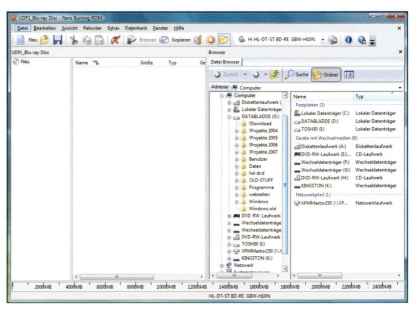

Abb. 2.12 – Von rechts nach links: Die zu sichernden Daten werden vom rechten in das linke Bereichsfenster gezogen.

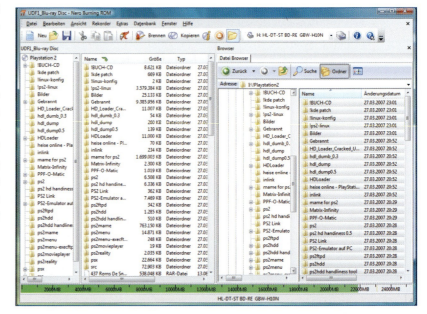

Abb. 2.13 – Alles im grünen Bereich: In der Statusleiste ist der notwendige Platz auf der Scheibe zu sehen.

2.1 Vista-Upgrade-Installation – wichtige Vorbereitungen

Daten vor dem Brennen auf Viren prüfen

Lassen Sie unbedingt vor dem Brennen der DVD- oder Blu-ray-Disk von einem aktuellen Virenscanner den Datenbestand prüfen. Falls sich auf der Festplatte irgendein schädliches Programm befindet, sollten Sie das nicht mit übertragen.

rechten Maustaste und *Eigenschaften/Titel* ebenfalls den Namen der Scheibe ändern.

Backup-Blu-ray/-DVD brennen
6. Haben Sie alle Daten zusammengestellt und in das linke Projektfenster gezogen, kann der Brennvorgang gestartet werden. Man steht nun vor der Entscheidung, ob die DVD oder Blu-ray sofort (on the fly) gebrannt oder ob zuerst ein physikalisches Image erstellt werden soll. Da Letzteres der sicherste Weg ist, ohne Schreibabbrüche über die Runden zu kommen, sollte bei leistungsschwachen Notebooks dieser Weg beschritten werden. Dafür wählen Sie als Brenner den *Image Recorder* aus. Dies ist gerade bei vielen kleinen Dateien zu empfehlen, da hier die Datenübertragungs-

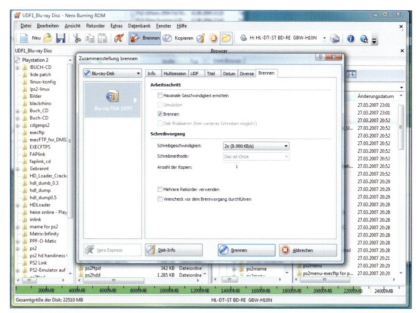

Abb. 2.14 – Ein langsamer Schreibvorgang ist nicht nur sicherer für den erfolgreichen Brennvorgang, sondern sorgt auch für eine bessere Qualität des gebrannten Rohlings.

rate der Festplatte naturgemäß einbricht.

7. Über *Rekorder/Zusammenstellung brennen* oder einem Klick auf die *Brennen*-Schaltfläche kommen Sie zum Brenndialog. Haben Sie zuerst ein Image erzeugt, wählen Sie unter *Rekorder* und *Image brennen* die entsprechende Imagedatei aus, um sie auf DVD oder Blu-ray zu brennen. Oft vergessen – das Häkchen *Disk finalisieren (Kein weiteres Schreiben möglich!)*. Damit wird die DVD/Blu-ray mit einem logischen Schreibschutz versehen und kann anschließend nicht mehr zum Schreiben verwendet werden. In diesem Fall wird die Session abgeschlossen, und die DVD kann dadurch in DVD-ROM-Laufwerken gelesen werden.

Für Scheiben mit großer Kapazität wie DVD-DL oder Blu-ray reicht das betagte ISO9660- oder Joliet-Dateisystem nicht mehr aus. Hier ist das UDF-Format die erste Wahl. Aktuell ist die Version 2.5. Bei diesem Format sind die Möglichkeiten in Sachen Datenorganisation und

2.1 Vista-Upgrade-Installation – wichtige Vorbereitungen

Pfadlänge am besten, die gebrannte Scheibe lässt sich jedoch nur bei Betriebssystemen mit entsprechender UDF-2.5-Unterstützung nutzen.

Wer eine Backup-Scheibe für den Einsatz unter einer alten Windows-Version (unter XP) oder DOS nutzen möchte, der muss auf UDF verzichten. Hier nutzen Sie dann besser das ISO9660-Format.

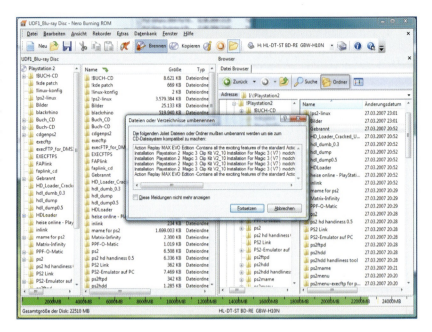

Abb. 2.15 – Oft treten Fehler aufgrund der Länge des Dateinamens auf. Hier schneidet Nero die zu langen Namen automatisch ab.

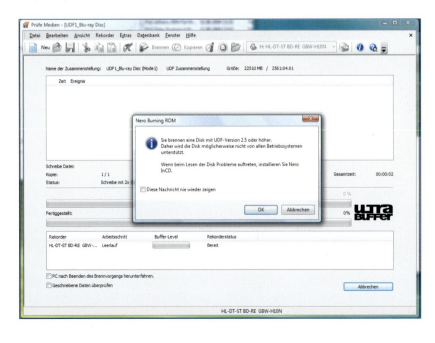

Abb. 2.16 – Warnung: Das moderne Dateisystem UDF 2.5 wird nur von modernen Betriebssystemen wie Vista, Mac OS X oder neueste Linux-Derivate unterstützt. Für Windows XP ist ein Extra-Lesetreiber bei Microsoft erhältlich.

2.1 Vista-Upgrade-Installation – wichtige Vorbereitungen

Abhängig von der Menge der Daten, der eingestellten Brenngeschwindigkeit sowie der Größe des Sicherungsmediums dauert der Brennvorgang eine Weile. Bei einer randvoll gefüllten Blu-ray-Scheibe mit knapp 25 GByte Daten können Sie bei einer zweifachen Brenngeschwindigkeit eine gute Stunde einkalkulieren.

Nachdem die eigentlichen Daten geschrieben sind, wird abschließend noch das Lead-In und Lead-Out der Scheibe hinzugefügt. Damit ist die selbst gemachte Sicherungs-DVD/-Blu-ray fertiggestellt.

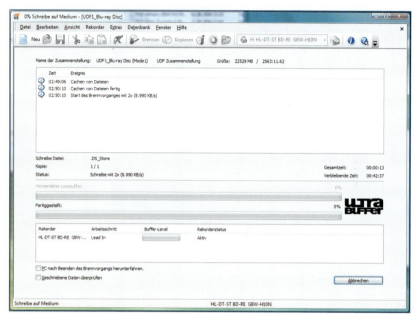

Abb. 2.17 – Bei kleinen Dateien werden die Daten zunächst in das temporäre Nero-Verzeichnis zwischengespeichert, bevor der eigentliche Brennvorgang beginnt.

Abb. 2.18 – Voller Erfolg: Ist das Backup auf die Scheibe gebrannt, informiert Nero darüber mit der entsprechenden Mitteilung auf dem Bildschirm.

2.2 Sony VAIO-Notebooks – Vista-Unterstützung selbst gebaut

Wer im Besitz eines VAIO-Notebooks vor Baujahr 2006 ist und auf Windows Vista umsteigen möchte, der wird sich über die mangelnde Treiber- und Anwendungsunterstützung auf den Supportseiten von Sony ärgern. Denn hier beschränkt sich der Treibersupport auf die aktuelleren Baureihen. Auch die von Sony speziell auf die VAIO-Notebooks zugeschnittenen Anwendungen, wie beispielsweise das *Camera Capture Utility*, das *Control Center* etc., aber auch Bluetooth- und Wireless-Unterstützung sind für ältere Modelle nicht auf Vista umgestellt. Doch mit einem simplen Trick installieren Sie die fehlenden Treiber und Anwendungen selbst nach der erfolgreichen Windows Vista-Installation nach. Hier nutzen Sie einfach die Treiber und Anwendungen, die Sony für aktuelle VAIO-Modelle zur Verfügung stellt, und passen diese an Ihr altes VAIO-Notebook an.

Abb. 2.19 – *http://support.vaio.sony.de/* – übersichtlich und nach Themen gegliedert. Für jedes Notebook-Modell bietet Sony angepasste Anwendungen und Treiber auf seinen Supportseiten an.

Zwingend notwendig – Treiber- und Utility-Paket besorgen

Für den Download des VAIO-Treiber- und Utility-Pakets ist die erste Anlaufstelle die Sony-Webseite www.sony.de. Dort wechseln Sie über *Produkte/VAIO Notebooks/Support/Support/Download* in den Download-Bereich (*http://support.vaio.sony.de/downloads/downloads.asp?site=voe_de_DE_cons*) und wählen ein aktuelles VAIO-Notebook mit Vista-Unterstützung aus.

In diesem Buch wurde das Treiber- und Utility-Paket des VAIO VGN-FE41Z missbraucht, um sämtliche Komponenten des älteren VAIO PCG-TR2MP-Notebooks aus dem Jahr 2004 in Sachen Treiber- und Applikationsunterstützung auf den aktuellen Stand zu bringen. Laden Sie beide Dateien auf Ihren PC.

Freie Auswahl – Treiber und Utilities installieren

Handelt es sich um ein offiziell nicht-Vista-taugliches Notebook, kommt es vor, dass nach der Vista-Installation einige Dinge nicht auf Anhieb funktionieren. So lässt sich beispielsweise die [FN]-Taste nicht nutzen, mit der sich wichtige Dinge wie Helligkeit des Displays, Soundlautstärke u. a. steuern und per OSD (On Screen Display) anzeigen lassen.

Dafür werden Sony-eigene Treiber benötigt, die glücklicherweise bei der VAIO-Baureihe abwärtskom-

2.2 Sony VAIO-Notebooks – Vista-Unterstützung selbst gebaut

Abb. 2.20 – Im unteren Bereich bei *Vorinstallierte Treiber und Dienstprogramme* finden Sie die notwendigen Treiber (*Preinstalled Drivers*) und Utilities (*Preinstalled Utilities*) zum Download. Normalerweise kommen beide Dateien im ZIP-Format. Entpacken Sie beide Dateien in einen temporären Ordner.

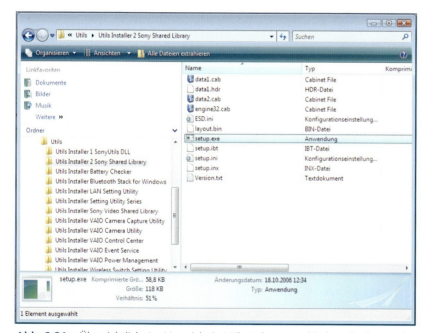

Abb. 2.21 – Übersichtlich: Im Verzeichnis *Utils* stehen verschiedene Treiber und VAIO-eigene Programme zur Verfügung, die für nahezu alle VAIO-Modelle unter Vista funktionieren.

patibel sind und sich standardmäßig nur auf dem passenden Notebook installieren lassen. Doch mit einem Trick hebeln Sie die Notebook-Modellabfrage aus und nutzen die passenden Treiber auch auf Ihrem „alten" VAIO-Notebook.

Keinen Installationsärger unter Vista – UAC deaktivieren

Mit der Einführung von Windows Vista führt Microsoft ein neues Sicherheitskonzept unter Windows ein – UAC (User Access Control), übersetzt bedeutet das so viel wie Benutzerkontosteuerung. UAC sorgt dafür, dass alle Benutzer – auch die in der Gruppe der lokalen Administratoren – ihre Anwendungen und Aufgaben unter einem Standardbenutzerkonto ausführen. Damit wird der administrative Zugriff auf autorisierte Prozesse eingeschränkt und das System abgesichert. So gehören das Ausführen von nicht erlaubten Anwendungen und auch eventuelle versehentliche Änderungen der Systemeinstellungen durch den Benutzer mit Administratorrechten der Vergangenheit an.

Grundsätzlich sind bei Windows Vista mit dem Standardbenutzer und dem Administrator zwei Benutzerarten implementiert. Der Standardbenutzer führt Prozesse und Anwendungen unter einem Benutzerkonto aus, das Mitglied in der

2.2 Sony VAIO-Notebooks – Vista-Unterstützung selbst gebaut

Abb. 2.22 – Um die Benutzerkontensteuerung ein- oder auszuschalten, wählen Sie das entsprechende Benutzerkonto in der *Systemsteuerung* bei *Benutzerkonten* aus.

Abb. 2.23 – Standardmäßig ist die Benutzerkontensteuerung bei jedem angelegten Benutzerkonto aktiv.

Abb. 2.24 – Achtung Sicherheitslücke: Das Ausschalten der Benutzerkontensteuerung ist grundsätzlich nicht empfehlenswert.

Gruppe der *lokalen Benutzer* ist. Der Administrator befindet sich entsprechend in der lokalen Gruppe der *Administratoren*. Startet ein normaler Benutzer eine Anwendung, die administrative Rechte erforderlich macht, werden diese Rechte zur Laufzeit, also nach dem Starten des Programms, angefordert.

Hier blendet Windows Vista dann einen sogenannten Secure Desktop mit darauffolgender Sicherheitsabfrage ein. Arbeitet der angemeldete Benutzer als Standardanwender, wird nach dem Administratorkennwort gefragt. Arbeitet der Benutzer hingegen im Administratormodus, erscheint lediglich ein zusätzliches Fenster, das eine Erlaubnis für die Programmausführung einholt.

Bevor eine Anwendung gestartet wird, die administrative Rechte benötigt, fragt Windows Vista den Benutzer, ob die Anwendung mit

2.2 Sony VAIO-Notebooks – Vista-Unterstützung selbst gebaut

erweiterten Rechten gestartet werden soll. Dieses UAC-Feature wird auch *Admin Approval Mode* genannt.

Aus Sicherheitsgründen sollten Windows-Vista-Anwender UAC aktiviert lassen. Ist aus welchem Grund auch immer UAC deaktiviert, sollte dieser Mechanismus über die Benutzerkontensteuerung wieder eingeschaltet werden. Für die Sony-Treiber- und Utilities-Installation machen Sie hier jedoch eine Ausnahme und schalten UAC aus. Funktionieren nach der Installation der Treiber die Sony-Anwendungen und Notebook-Komponenten, können Sie die Benutzerkontensteuerung wieder aktivieren.

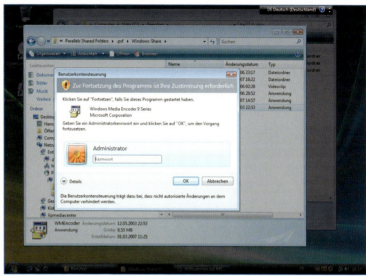

Abb. 2.25 – UAC in der Praxis: Arbeitet ein Standardbenutzer unter Windows Vista, muss bei Aktionen wie der Installation von Anwendungen oder Gerätetreibern das lokale Administratorpasswort eingegeben werden.

Manchmal notwendig – Modellbezeichnung patchen

Damit sich nicht jeder Sony-Treiber und jede Sony-Anwendung auf einem x-beliebigen Notebook ausführen lässt, überprüft das Sony-Installationsprogramm die Modellnummer des Sony-Notebooks. Ist das vorliegende Notebook von Sony für die Installation zugelassen, legt die gewünschte Installation los – manchmal aber auch nicht. In diesem Fall helfen Sie hier einfach etwas nach, indem Sie dem Installationsprogramm ein entsprechendes Notebook vorgaukeln und anschließend den notwendigen Treiber oder die Anwendung trotzdem installieren.

Die Modellbezeichnung des VAIO-Notebooks hat Sony in der Datei *Model.txt* versteckt, die sich im Windows-Verzeichnis (*C:\Windows*) befindet. Ist diese Datei nicht vorhanden, wird sie von einem beliebigen Setup-Programm aus dem *Util*-Verzeichnis generiert. Wechseln Sie beispielsweise einfach in das Verzeichnis *Utils Installer 2 Sony Shared Library* und starten Sie die Datei *setup.exe* per Doppelklick. Hier bricht das Instal-

Abb. 2.26 – Alarm! Wird die Installation eines Vista-Treibers oder einer Sony-Anwendung gestartet, motzt der Installer.

lationsprogramm aufgrund des falschen Computermodells ab, schreibt aber die Datei *Model.txt* nun in das Windows-Verzeichnis.

Anschließend öffnen Sie diese Datei per Doppelklick, tragen nun die erlaubte Modellbezeichnung (hier VGN-FE41Z) ein und speichern die Änderungen ab. Anschließend sperren Sie die Datei gegen Änderungen.

Sicherheitseinstellungen anpassen

Um die *Model.txt*-Datei gegen Schreibzugriffe des Installationsprogramms zu schützen, wählen Sie über

2.2 Sony VAIO-Notebooks – Vista-Unterstützung selbst gebaut

den Explorer die Datei aus und öffnen über das Kontextmenü der rechten Maustaste die Option *Eigenschaften*. Auf der Registerkarte *Sicherheit* ändern Sie für alle Gruppen (*System*, *Administratoren*, *Benutzer*) bei *Gruppen- oder Benutzernamen* über *Bearbeiten* den Schreibzugriff auf die Datei. Dafür nehmen Sie das Häkchen bei *Vollzugriff* bzw. *Ändern* heraus.

Klappt das Setzen der Änderungen nicht, wählen Sie im unteren Bereich *Erweitert/Bearbeiten/Berechtigungen/Bearbeiten* aus, um zu folgendem Dialog zu gelangen.

Jetzt schließen Sie den Sicherheitsdialog per Klick auf die *OK*-Schaltfläche. An-

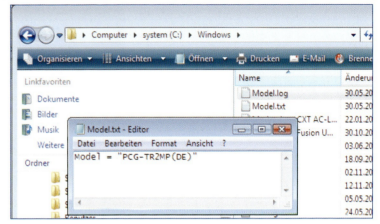

Abb. 2.27 – Nach dem gescheiterten Installationsversuch hat der Sony-Installer die notwendige *Model.txt*-Datei angelegt.

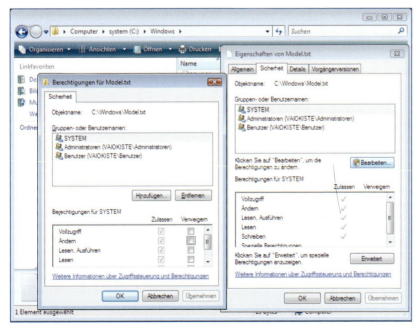

Abb. 2.28 – Die Berechtigungen der Datei lassen sich über das Register *Sicherheit* ändern.

schließend können Sie mit der Installation der gewünschten Treiber und Utilities beginnen.

Treiber und Utilities installieren
Welchen Treiber und welche Anwendungen Sie auf dem Notebook benötigen, hängt natürlich von Ihrer persönlichen Systemumgebung ab. Grundsätzlich sollten jedoch Dinge wie *Sony Shared DLL* und *Utils Installer 2 Sony Shared Library* installiert werden, die erst für die nötigen DLL- und Systemdateien für die restlichen Treiber und Anwendungen sorgen. Hier wählen Sie Schritt für Schritt die entsprechenden Setup-Dateien aus. Anschließend lassen sich wichtige Dinge wie beispielsweise Bluetooth- und WLAN-Support installieren.

2.2 Sony VAIO-Notebooks – Vista-Unterstützung selbst gebaut

Hier sucht sich Windows Vista automatisch die passenden Treiber aus dem angelegten *Utils*-Treiberverzeichnis und bindet diese in den Geräte-Manager ein.

Zu guter Letzt können Sie nach der Treiber- und Systemsoftware die VAIO-spezifischen Anwendungen installieren. Hier heißt es abzuwägen, da Windows Vista bereits selbst einige nützliche Notebook-spezifische Tools mitbringt, die manche Sony-Software überflüssig machen. So können Sie beispielsweise auf die Sony-Akkuanzeige verzichten, wenn Ihnen die Vista-eigene Lösung besser gefällt.

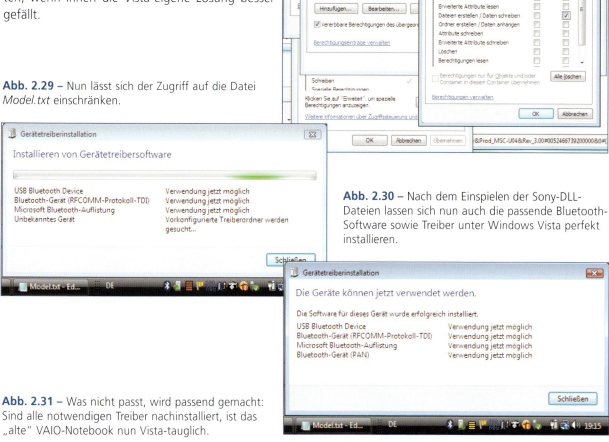

Abb. 2.29 – Nun lässt sich der Zugriff auf die Datei *Model.txt* einschränken.

Abb. 2.30 – Nach dem Einspielen der Sony-DLL-Dateien lassen sich nun auch die passende Bluetooth-Software sowie Treiber unter Windows Vista perfekt installieren.

Abb. 2.31 – Was nicht passt, wird passend gemacht: Sind alle notwendigen Treiber nachinstalliert, ist das „alte" VAIO-Notebook nun Vista-tauglich.

2.3 Datenübernahme nach Windows Vista

Die Vista-DVD liegt auf dem Schreibtisch, die Vorfreude auf das Vista-Feeling ist groß. Jetzt gibt es nur noch eine Frage. Wie kommen die Daten vom alten Windows XP auf das neue Vista? Auch wenn Sie keine Upgrade-Installation von Vista vornehmen wollen oder können, brauchen Sie nicht auf Ihre Daten, Einstellungen und gegebenenfalls Programmeinstellungen zu verzichten. Microsoft liefert auf der Windows Vista-Installations-DVD unter *support/migwiz/migsetup.exe* das Werkzeug Windows-Easy Transfer mit, das unter Windows 2000 und Windows XP funktioniert.

Das Programm ist auf den ersten Blick eine feine Sache, doch je nachdem, wie Sie Ihre Dateien organisiert haben und welche Programme Sie verwenden, kann das viel oder wenig zusätzlichen Aufwand bedeuten. Wer nur wenig mit dem Notebook arbeitet, seine Daten im Ordner *Eigene Dateien* ablegt und keine weiteren Nutzer an seinem Notebook arbeiten lässt, hat nur wenig Aufwand und käme möglicherweise sogar mit einer CD hin. 700 MByte an Text oder Tabellen sind sehr viel, das Auffinden zum Sichern ist einfach. Allerdings sind dann die Einstellungen von Windows, das Hintergrundbild etc. nicht auf der CD und somit auch nicht im neuen Betriebssystem.

Abb. 2.32 – Einstellungen speichert Windows XP im Ordner *Dokumente und Einstellungen* für jeden eingerichteten Benutzer einzeln.

Programme können Sie nicht einfach übertragen, sondern Sie müssen sie installieren, denn Programme werden innerhalb der Windows-Registry an vielen Stellen mit spezifischen Einträgen verankert.

Wichtige Daten aus Ihrem Mailprogramm (Thunderbird, Outlook oder Outlook Express) wie Mails, Kontakte oder Kalenderdaten finden Sie genau so wie die Favoriten aus dem Internet Explorer nicht in den eigenen Dateien. Gleiches gilt für Word- oder Excel-Vorlagen oder Wörterbücher, die Sie in den vergangenen Jahren angelegt haben. Outlook-Daten und Favoriten müssen exportiert und wieder importiert werden, Vorlagen können Sie kopieren und an der richtigen Stelle wieder einfügen.

Windows-Registry

Die Registry ist die zentrale Datenbank, in der Windows Informationen über Einstellungen, Hardware, installierte Programme etc. speichert. Die Registry ist nicht einfach zugänglich und sollte nur bearbeitet werden, wenn die nötigen Kenntnisse vorliegen. Sonst kann ein falscher Eintrag Windows unbrauchbar machen.

Manche Programme legen noch eigene Ordner an, in denen wesentliche Daten gespeichert werden (beispielsweise Grafikprogramme, die Makros ermöglichen). Solche Ordner müssen gezielt gesucht werden, damit Sie sie sichern und übertragen können. Ein Son-

2.3 Datenübernahme nach Windows Vista

derfall sind Spiele, bei denen die Übertragung erreichter Level und bestehender Highscores davon abhängig ist, wie der Hersteller die Verwaltung dieser Daten realisiert hat. Meist sind sie nicht leicht zugänglich, weil sonst jedes Level übersprungen oder bei den Punkten gepfuscht werden könnte. Da gibt es keine Empfehlung.

Für Dateien wie Digitalfotos ist eine Sicherung auf DVD zunächst eine gute Wahl, wenn sie regelmäßig durchgeführt wird. Sonst steigt das Datenvolumen schnell. Digitale Videos sind noch größer und finden oft kaum auf einer normalen DVD mit 4,7 GByte Platz. Wenn Sie Fotos und Videos ebenfalls im Ordner *Eigene Dateien* ablegen, hat dieser bald eine ziemliche Größe. Die Sicherung auf Datenträger ist dann wegen der Aufteilung auf mehrere DVDs nur noch als Backup möglich und recht aufwendig.

Sicherungsaufwand ermitteln

Um festzustellen, welche Datenmenge Sie sichern müssen, helfen Ihnen folgende Fragen:

Ablageordner für Daten ermitteln

Prüfen Sie das Programm auf Menübefehle wie *Einstellungen*, *Standardeinstellung*, *Preferences* o. Ä. Dort sind oft die Einstellungen für den Speicherordner versteckt. Finden Sie dort nichts und haben Sie berechtigte Sorgen, dass das Programm Ihre Daten irgendwo anders speichern könnte, erstellen Sie eine Testdatei mit einem charakteristischen Namen. Speichern Sie diese Datei und suchen Sie sie über den Windows-Explorer. Wenn Sie die Suche auf den aktuellen Tag beschränken, zeigt Ihnen Windows nur die aktuellsten Daten. Und dort ist auch die gerade gespeicherte Datei zu finden. Im Suchergebnis wird auch der Pfad zur Datei angezeigt.

- Wie groß ist der Ordner *Eigene Dateien* (Prüfung durch Rechtsklick auf den Ordner im Explorer und *Eigenschaften* auswählen)?
- Haben Sie eigene Ordner unabhängig vom Ordner *Eigene Dateien* eingerichtet? Wenn ja, müssen Sie dies ebenfalls einkalkulieren (Prüfung wie vor).
- Wie umfangreich sind Ihre Bilddaten?
- Wie groß ist Ihr Mailpostfach (Prüfung bei Outlook: Rechtsklick im Ordnerbaum auf *Outlook heute*, dann Schaltfläche *Ordnergröße*)?

Praktisch – ein Assistent fürs Übertragen

Angesichts der unterschiedlichen Ansätze zur Sicherung und zum Reimport der Daten hat Microsoft einen Assistenten entwickelt, der Ihnen die Übertragung der Daten abnimmt. Das Werkzeug Windows-Easy Transfer ist auf der Windows Vista-DVD unter *support/migwiz/migsetup.exe* zu finden. Es lässt sich sehr vielseitig nutzen und kümmert sich auch um Einstellungen, Kontakte, Favoriten und einiges mehr. Diesen Assistenten werden Sie nutzen, um Ihre Daten problemlos zu übertragen.

Eine wichtige Einschränkung soll aber genannt werden: Der Assistent ist vornehmlich auf Microsoft-Programme ausgelegt, sodass Sie bei Exoten eventuell von Hand kopieren müssen. Die Dateien solcher Programme können Sie gezielt auswählen und übertragen lassen, wenn sie nicht im Ordner *Eigene Dateien* liegen. Der Assistent wird sowohl auf Ihrem alten Notebook oder PC eingesetzt als auch auf dem neuen. Je nachdem, wie Sie die Daten übertragen, können in der alten Hardware jedoch Hürden auftreten. Achten Sie deshalb auf aktuelle Treiber auf dem alten System.

Programme neu installieren

Da sich Programme nicht übertragen lassen, aber oftmals Daten in für Sie wichtigen Ordnern ablegen, soll-

2.3 Datenübernahme nach Windows Vista

ten Sie folgende Reihenfolge einhalten: Installieren Sie zunächst alle benötigten Programme auf dem neuen PC. Dort werden dann bereits alle wichtigen Ordner angelegt und auch die programmspezifischen Ordner in den eigenen Dateien erstellt. In der Folge können Sie die Daten übertragen. Es kann allerdings vorkommen, dass bei neueren Programmversionen ältere Einstellungsdateien keine Wirkung zeigen.

Kein Backup, sondern eine komprimierte Datei
Eine wesentliche Einschränkung sollten Sie aber vor dem Einsatz des Assistenten kennen. Er legt nicht wie ein Backup-Programm Dateien an, aus denen man problemlos einzelne Word-Dateien o. Ä. rekonstruieren kann. Der Assistent erstellt eine kompakte Datei, die auf dem neuen Rechner einfach ausgepackt und an den Zielort geschrieben wird. Ein Einzelzugriff auf Dateien ist nicht möglich.

Das Service Pack entscheidet
Ganz wesentlich für den Erfolg ist der Einsatz des richtigen Service Pack für Windows XP. Es muss mindestens Service Pack 1 eingesetzt werden. Und genauso wichtig – Sie können den Assistenten nur einsetzen, wenn Sie von der niedrigeren Version zur höheren übertragen. Von SP2 zu SP1 scheitert.

Setzen Sie den Assistenten richtig ein
Der Einsatz des Assistenten ist nicht so einfach, wie man auf den ersten Blick glaubt. Sie sollten daher je nach Ihrer Ausgangssituation grundlegende Vorgehensweisen einhalten, um Ihre Daten erfolgreich zu übertragen.

1. **Kein Assistent ohne Programminstallation**
   Der Assistent überträgt Einstellungen und Dateien, kann die Einstellungen aber nur Programmen zuordnen, die auch auf dem Zielrechner vorhanden sind. Haben Sie also nicht zuvor die genutzten Programme installiert, werden Einstellungen nur teilweise übertragen, die Dateien jedoch komplett. Ein typischer Fall sind Verknüpfungen auf dem Desktop zu Ihren Lieblingsprogrammen.

Einstellung zum Übertragen	Beschreibung
Darstellung	Hintergrund, Farben, Sounds und die Position der Taskleiste.
Aktion	Doppelklick zum Öffnen, Ordner im selben Fenster öffnen.
Internet	Verbindungseinstellungen, Startseite, Favoriten und Sicherheitseinstellungen.
E-Mail	Verbindungseinstellungen, Signaturdatei, Ansichten, E-Mail-Regeln, lokale Einstellungen und Kontakte.
Microsoft Office-Programme	Microsoft NetMeeting und Microsoft Messenger, Sound und Multimedia, Windows Media Player.
Dateien	Werden nach den Kriterien Typ (z. B. *.DOC), Ordner (z. B. Eigene Dateien) oder nach dem Dateinamen (z. B. C:\Persönlich\Bewerbungen.rtf) übertragen.
Ordner	Standardmäßig überträgt der Assistent die Ordner Desktop, Eigene Bilder, Eigene Dateien, Fonts, Gemeinsame Dokumente und Gemeinsamer Desktop.

2.3 Datenübernahme nach Windows Vista

2. **Benutzer auf dem Ziel-PC einrichten**
   Der Assistent überträgt Dateien und Einstellungen auf den Ziel-PC für den dort gerade angemeldeten Benutzer. Wenn Sie Benutzerkonten eingerichtet haben und deren Dateien und Einstellungen übertragen möchten, müssen diese Benutzer vorab auf dem Ziel-PC eingerichtet werden. Der Assistent legt keine Benutzer an, er überträgt auch keine Passwörter.

3. **Den Assistenten für jeden Benutzer einzeln verwenden**
   Der Assistent überträgt beim Einsatz ohne spezifische Auswahl einfach die Dateien und Einstellungen des jeweiligen Quell-PC-Benutzers und stellt diese auf dem Ziel-PC wieder her. Über die Auswahl der Zielordner für die Übertragungsdateien können Sie Dateien und Einstellungen gezielt zuordnen und passend übertragen. Beachten Sie aber, dass die gemeinsamen Dokumente, der gemeinsame Desktop und die Fonts jedes Mal mit übertragen werden, wenn Sie sie nicht explizit abwählen.

4. **Unsinnige Ordner vorab löschen**
   Der Assistent überträgt ohne Prüfung, was er auf Ihrem Desktop findet. Wenn dort also Ordner wie *Nicht verwendete Desktopverknüpfungen* „herumliegen", finden Sie die auch auf der neuen Festplatte bzw. im neuen System wieder.

5. **Office-Einstellungen werden übernommen, Dateipfade nicht**
   Einstellungen, die Sie unter *Extras/Optionen* in Word oder Excel vorgenommen haben, werden übertragen und stehen auf dem neuen Rechner zur Verfügung. Dabei sind auch differenzierte Einstellungen für unterschiedliche Benutzer möglich. Wenn Sie allerdings Ihre Vorlagen oder Ihre selbst erstellten Dateien in anderen Ordnern speichern und Word entsprechend eingestellt haben, werden Sie diese Einstellung zwar auf dem Zielrechner vorfinden, die Dateien müssen aber gezielt hinzugefügt werden, wenn sie sich nicht im Ordner *Eigene Dateien* befinden.

6. **Desktop-Einstellungen beherrscht der Assistent nahezu perfekt**
   Ob Position der Taskleiste, Inhalte der Schnellstartleiste oder auch Dateien auf dem Desktop – alles wird perfekt übertragen. Das Einzige, was verloren geht, ist die Platzierung Ihrer Symbole auf dem Desktop. Diese werden einfach schematisch von links oben in Zeilen und Spalten angeordnet.

7. **Outlook ist Outlook Express vorzuziehen**
   Wenn Sie mit Outlook arbeiten, übernimmt der Assistent sehr zuverlässig die Inhalte. Bei Outlook Express schleichen sich dagegen schnell Fehler ein, Adressen werden als Mails betrachtet u. Ä. Outlook-Express-Daten sollten Sie daher klassisch exportieren und auf dem neuen PC importieren. Dazu stehen Ihnen Menübefehle in Outlook Express zur Verfügung.

8. **Der Assistent provoziert die Firewall**
   Je nach Ihren Einstellungen der Windows-Firewall ab SP2 müssen Sie mit Warnmeldungen rechnen. Der Assistent wird zunächst geblockt.

9. **Sicher – Ordner übertragen**
   Wenn Sie gezielt Ordner übertragen, werden diese auf dem Zielrechner angelegt, und die Dateien werden hineinkopiert. Das gelingt mit dem Assistenten perfekt. Sie können also ruhig individuelle Pfade in der Office-Umgebung verwenden, wenn Sie die Ordner von Hand hinzufügen.

10. **Dateiübertragung bedeutet Nacharbeit**
    Geben Sie bei der individuellen Auswahl von Datei-en Endungen an, überträgt der Assistent zwar auch die Dateipfade, legt die Ordner aber im Stammverzeichnis (C:\) an. Da die Dateiübertragung nach

2.3 Datenübernahme nach Windows Vista

Endung alle Benutzer umfassen kann, geht leicht die Übersicht verloren, wenn plötzlich unbekannte Ordner im Stammverzeichnis angelegt werden.

Externe Festplatte als Sicherungsmedium
Ideal für alle, deren Datenbestände ohne Programme größer als 4 GByte sind, sind externe Festplatten. Diese Laufwerke mit schicken Gehäusen sind inzwischen regelmäßig bei den Discountern erhältlich, die Fachmärkte und die Internetversender halten stets eine interessante Auswahl mit unterschiedlichen Kapazitäten bereit. Da ist für jede Festplattenkapazität, die in einem Notebook möglich ist, das passende externe Pendant verfügbar. Das Notebook muss nur über einen USB-Anschluss verfügen, und dieser sollte dem Standard USB 2.0 entsprechen, damit die Übertragung nicht zu lange dauert.

Theoretisch könnten Sie mit einer externen Platte genau so arbeiten wie mit einer eingebauten. Davon ist allerdings abzuraten. Externe Platten sind normalerweise langsamer als interne, auf Programme zur Plattenprüfung (SMART) wird meist verzichtet. Außerdem bräuchte auch eine externe Platte wiederum eine Sicherung, denn sie ist genauso anfällig für Fehler und Defekte wie eine interne.

Administratoranmeldung notwendig
Für die vorbereitenden Arbeiten sollten Sie sich gegebenenfalls unter Windows XP als Administrator bzw. mit einem administrativen Benutzerkonto anmelden, damit Sie beispielsweise Zugriff auf die Konten anderer Benutzer haben. Sind Sie der einzige Nutzer des Notebooks und haben kein zusätzliches Benutzerkonto eingerichtet, haben Sie automatisch Administratorrechte.

Externe Festplatten sind normalerweise sofort betriebsbereit, Sie schließen die Festplatte an den Strom an, verbinden das USB-Kabel mit dem Notebook und

> **Surfen tabu**
>
> Als Administrator sind Sie im Internet gefährdeter als als eingeschränkter Benutzer. Sie brauchen bei der Datensicherung normalerweise kein Internet. Verkneifen Sie sich also das Surfen, solange Sie administrativ tätig sind.

schalten die Platte ein. Windows erkennt die Platte am USB-Anschluss und informiert Sie darüber, dass ein neuer Massenspeicher vorhanden ist. Ältere Windows-Versionen benötigen einen Treiber. Wenn Windows die Platte erkannt hat, steht sie Ihnen als Laufwerk im Arbeitsplatz oder im Explorer zur Verfügung. Ein Symbol in der Taskleiste informiert Sie.

Daten übertragen
Wir gehen in der Folge davon aus, dass es sich bei dem Notebook um eines mit schnellem USB-2.0-Anschluss handelt. USB ist seit Jahren Standard, sodass außer Windows NT-Rechnern eigentlich jeder über diese Schnittstelle verfügen sollte.

Assistent auf dem Quell-Notebook starten
1. Legen Sie die Windows Vista-DVD in das DVD-Laufwerk ein. Hier klicken Sie nicht voreilig auf die Schaltfläche *Jetzt installieren*, sondern auf den Link

> **Datenbestand auf Viren prüfen**
>
> Lassen Sie unbedingt vor der Übertragung von Dateien und Einstellungen einen aktuellen Virenscanner den Datenbestand prüfen. Falls sich auf Ihrem alten Notebook irgendein schädliches Programm befindet, sollten Sie das nicht mit übertragen.

2.3 Datenübernahme nach Windows Vista

Dateien und Einstellungen von einem anderen Computer übertragen.

2. Der Assistent zur Übernahme von Dateien und Einstellungen begrüßt Sie Microsoft-typisch mit einem Willkommensfenster.
3. Für die Datenübertragung mit dem Windows-Easy Transfer-Tool können Sie mit einem speziellen USB-Kabel vom Notebook zum PC auch ein vorhandenes Netzwerk oder einen Datenträger wie lokale oder externe Festplatte, USB-Stick etc. verwenden. Aktuell scheiden serielle Verbindung und Diskette aus, nur das Netzwerk

Abb. 2.33 – Links unten im Dialogfeld starten Sie den Assistenten über den Link *Dateien und Einstellungen von einem anderen Computer übertragen*.

oder ein USB-Datenträger kommen bei den gängigen Datenmengen infrage. Wählen Sie also das andere Laufwerk, wenn Sie die vorgeschlagene Lösung mit der externen Festplatte verwenden.

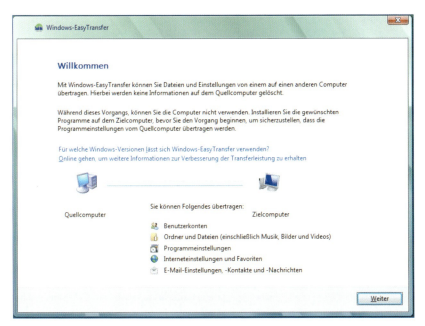

Abb. 2.34 – Nach einem kurzen Moment wird der Übertragungsassistent gestartet.

2.3 Datenübernahme nach Windows Vista

USB-Festplatte mit NTFS formatieren

Das Windows-Easy Transfer-Werkzeug sichert die Daten der alten Festplatte bzw. des alten Betriebssystems in eine einzige Datei. Diese Datei kann, je nach Umfang und Menge der Daten, mehrere GByte groß werden. Achten Sie deshalb darauf, dass die USB-Festplatte mit dem NTFS-Dateisystem formatiert ist, da es im Gegensatz zu älteren Dateisystemen wie FAT16 oder FAT32 Dateigrößen ab 2 GByte unterstützt.

Doch bevor es überhaupt mit dem Sichern losgeht, verlangt das Tool das Schließen sämtlicher Programme.

Für die Übertragung des alten Datenbestands gibt es zig Möglichkeiten. Wer ein spezielles USB-Kabel besitzt, kann die Daten direkt zu einem anderen Vista-System übertragen. Ohne USB-Verbindungskabel lässt sich dies auch über das Heimnetzwerk bewerkstelligen, hier müssen sich beide Rechner in demselben Netzwerk befinden und sich gegenseitig kennen.

Datenumzug mit externer USB-Festplatte

4. Für den Umzug der Altdaten auf denselben PC oder dasselbe Notebook ist die USB-Festplatte bzw. der DVD-/Blu-ray-Rohling die empfehlenswerteste Methode. Per Klick auf die Option *CD, DVD oder ein andere Wechselmedium verwenden* können Sie die externe USB-Festplatte für die Ablage der Daten nutzen.

Abb. 2.35 – Aus Sicherheitsgründen sollten sämtliche geöffneten Programme geschlossen werden. Dies erledigen Sie in diesem Dialog per Klick auf die Schaltfläche *Alle schließen*.

2.3 Datenübernahme nach Windows Vista

5. Anschließend geben Sie das Laufwerk gezielt an. Hier können Sie zwischen einem optischen Datenträger (Option *CD*), einem verfügbaren *USB-Flashlaufwerk* sowie *Externe Festplatte oder ein Netzwerkpfad* auswählen. An dieser Stelle ist letztere Option anzuklicken, um das angeschlossene USB-Festplattenlaufwerk für den Datentransfer zu nutzen.
6. Jetzt möchte der Assistent wissen, wo sich die Dateien zur Übertragung später befinden sollen. Verwenden Sie wie vorgeschlagen eine externe Platte, sollte diese auf dem Zielrechner

Abb. 2.36 – Für den Einsatz einer externen USB-Festplatte ist die letzte Option *CD, DVD oder ein andere Wechselmedium verwenden* die richtige.

angemeldet und erkannt sein. Sie wählen sie durch einen Klick auf *Durchsuchen* aus. Das folgende Dialogfeld ermöglicht es Ihnen, gezielt einen Ordner auszuwählen oder neu anzulegen. So können Sie Daten für einzel-

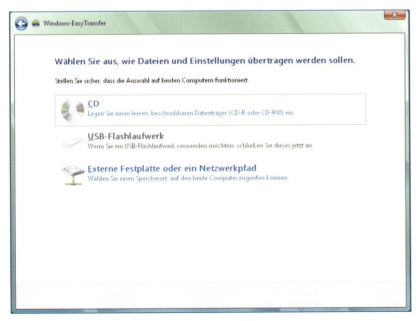

Abb. 2.37 – Egal ob Netzwerklaufwerk oder externe Festplatte: Die Option *Externe Festplatte oder ein Netzwerkpfad* ist die richtige.

2.3 Datenübernahme nach Windows Vista

ne Benutzer gezielt übertragen. Wählen Sie den Zieldatenträger aus. Mit *Weiter* geht es zum nächsten Schritt.

Sehr speicherplatzlastig ist die Option *Alle Benutzerkonten, Dateien und Einstellungen*. Grundsätzlich ist so eine Funktion für ein Komplett-Backup ja lieb und recht, hier jedoch auch problematisch. Da das Tool sämtliche Dateien und Ordner in eine einzige Datei sichert, bläht sich diese recht schnell auf – gerade wenn sich große Dateien wie Videos auf der Festplatte tummeln. Sondieren Sie deshalb ganz genau die Festplatte und sichern Sie ausschließlich benutzerspezifische System- und Programmdateien, damit diese später mit Windows Vista funktionieren. Standarddaten wie Word-Dokumente, Excel-Dateien, MP3-Musik, Videos und andere sichern Sie besser traditionell – per Kopieren über den Explorer.

Überblick behalten – Ordnerstruktur einrichten

Bevor Sie nun Daten auf die Platte kopieren, sollten Sie die nötigen Strukturen vorab schaffen. Haben Sie beispielsweise mehrere Benutzer, die mit Ihrem alten Rechner gearbeitet haben, sollten Sie für jeden einen passenden Ordner anlegen. So haben Sie die Daten sauber ge-

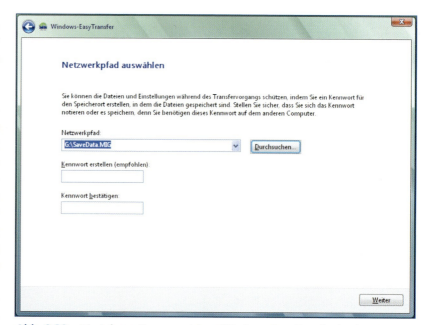

Abb. 2.38 – Die Informationen speichert Windows-Easy Transfer in einer Datei ab. In diesem Dialog geben Sie den Pfad (hier: Laufwerk G:\) zum externen USB-Festplattenlaufwerk an.

trennt und können bei ähnlicher Einrichtung des neuen Rechners die Dateien gleich richtig zuordnen.

7. Erstellen Sie neue Ordner, indem Sie im *Arbeitsplatz* mit der rechten Maustaste das Kontextmenü aufrufen und dort *Neu/Ordner* wählen. Wenn bei Ihnen die Aufgabenleiste links eingeblendet ist, können Sie genauso gut den Eintrag *Neuen Ordner erstellen* nutzen. Ideal für die Benennung sind Kürzel, anhand deren Sie die Benutzer fehlerfrei identifizieren können.

Weitere Strukturen innerhalb der Ordner sollten Sie erst einrichten, wenn feststeht, welche Ordner benötigt werden.

Daten gezielt auswählen und sichern

8. Der Assistent überträgt auch persönliche Einstellungen, sodass hinterher jeder Benutzer seinen Desktop-Hintergrund vorfindet. Wählen Sie hier *Erweiterte Optionen* aus, um Inhalt und Umfang der Sicherungsdatei genau festzulegen.

2.3 Datenübernahme nach Windows Vista

9. Im darauffolgenden Dialog wählen Sie die entsprechenden Ordner und Laufwerke einfach ab, indem Sie das Häkchen vor dem jeweiligen Ordner per Mausklick entfernen. Möchten Sie beispielsweise einen Benutzer samt seinen Benutzerdaten nicht mitnehmen, wählen Sie diesen aus und entfernen das entsprechende Häkchen vor dem Benutzernamen. Wichtig ist auch das Häkchen bei *Datei an anderen Orten*. Hier lässt sich festlegen, welche Partition bzw. welches Festplattenlaufwerk noch mit in die Siche-

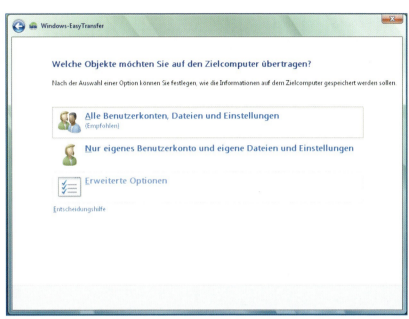

Abb. 2.39 – Hier haben Sie die Möglichkeit, die zu sichernden Dateien und Ordner festzulegen. So können Sie nur das eigene Benutzerkonto mit den Dateien und Einstellungen sichern oder den gesamten Datenbestand der Festplatte über *Alle Benutzerkonten und Einstellungen*. Wer selbst angeben möchte, was gesichert werden soll und was nicht, kann dies bei *Erweiterte Optionen* tun.

Abb. 2.40 – Im erweiterten Modus lässt sich gezielt auswählen, was alles zu Windows Vista mitgenommen werden soll und was nicht.

2.3 Datenübernahme nach Windows Vista

rungsdatei aufgenommen werden soll und welche nicht.

Per Klick auf *Dateien* im unteren Bereich des Assistenten können Sie gezielt Dateien und Ordner hinzufügen, die in die Sicherungsdatei kopiert werden sollen.

10. Nun wählen Sie eventuell vorhandene Ordner und Laufwerke ab, um diese von der Sicherung auszuschließen.

Grundsätzlich ist es sinnvoll, nur Ordner vom Laufwerk C:\ mit in die Sicherungsdatei aufzunehmen. Andere können nach Bedarf traditionell über ein Brennprogramm oder

Abb. 2.41 – Hier geben Sie den Pfad für die Ablagedatei an – im konkreten Fall das externe USB-Festplattenlaufwerk.

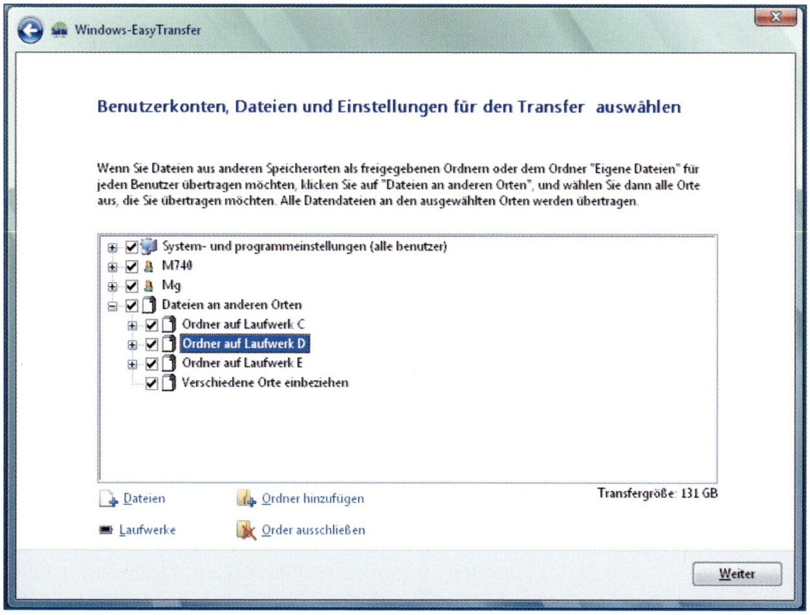

händisch über den Windows-Explorer auf eine USB-Festplatte gesichert werden. Der Vorteil ist, dass Sie hier auch noch nachträglich leichter auf die Daten zugreifen können, ohne das Windows-Easy Transfer-Tool in Anspruch nehmen zu müssen.

Abb. 2.42 – Hier lässt sich konkret auswählen, welche Ordner und Laufwerke mit in die Sicherungsdatei aufgenommen werden sollen und welche nicht.

2.3 Datenübernahme nach Windows Vista

11. Per Klick auf *Weiter* kommen Sie zum nächsten Schritt – die Dateien und Ordner können nun in die Sicherungsdatei übertragen werden.
    Ist das USB-Laufwerk hingegen mit dem Dateisystem NTFS formatiert, erfolgt umgehend das Übertragen der ausgewählten Dateien und Ordner in die Sicherungsdatei.
12. Abhängig davon, wie viele zu sichernde Daten es sind und vor allem wie groß sie sind, dauert das Anfertigen der Sicherungsdatei eine Weile. Erst wenn nachstehender Dialog erscheint, ist die Erstellung der

Abb. 2.43 – Besitzt das Notebook mehrere Partitionen auf der Festplatte oder gar mehrere Festplatten, lässt sich per Klick auf *Laufwerke* die Auswahl auf das Systemlaufwerk (auf dem sich die Windows XP-Installation befindet) für die Sicherung einschränken.

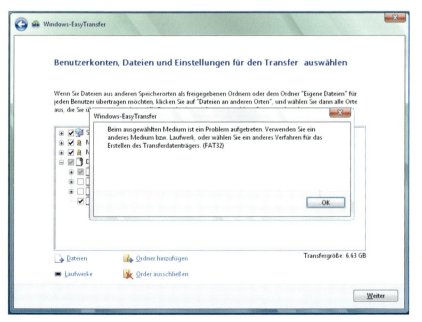

Abb. 2.44 – FAT32-Alarm: Das ausgewählte Laufwerk ist mit dem Dateisystem FAT32 formatiert und unterstützt keine Sicherungsdateien, die größer als 2 GByte sind.

2.3 Datenübernahme nach Windows Vista

Sicherungsdatei abgeschlossen. Bestätigen Sie mit *Schließen*.

Ist die Sicherungsdatei angelegt, können Sie mit der Vista-Installation am Notebook beginnen. Unter Windows Vista lässt sich die Sicherungsdatei mit dem Tool Windows-Easy Transfer (zu finden unter *Zubehör/Systemprogramme*) wieder in Vista einspielen. Dies sollte jedoch erst dann erfolgen, wenn Sie die entsprechenden Programme wie Outlook, Thunderbird, Photoshop, Office und so weiter installiert haben, da viele Programme sonst etwaige Einstellungen bei der Vista-Installation überschreiben.

Abb. 2.45 – In diesem Dialog sammelt das Windows-Easy Transfer-Tool die ausgewählten Einstellungen, Dateien und Ordner und kopiert diese in der Sicherungsdatei auf das externe USB-Festplattenlaufwerk.

Abb. 2.46 – Sicherungsdatei erfolgreich angelegt. Nun befindet sich auf dem externen USB-Festplattenlaufwerk eine oft mehrere GByte große Datei, mit der später unter Windows Vista die Daten und Einstellungen wieder eingespielt werden können.

3 Windows Vista mit USB-Stick beschleunigen

Ist Windows Vista auf dem Notebook trotz Aufrüstmaßnahmen noch zu lahm? Nutzen Sie einfach einen schnellen USB-Stick! Denn ein mit Windows Vista eingeführtes neues Windows-Feature namens ReadyBoost-Technik soll nach Aussagen der Marketing-Strategen mithilfe eines Flashspeichers den Arbeitsspeicher erhöhen bzw. ergänzen, was wiederum für mehr Geschwindigkeit im Betrieb sorgen soll. Wer also in Sachen Arbeitsspeicher an die Aufrüstgrenzen gestoßen ist, kann mit einem passenden USB-Stick das letzte Quäntchen an Geschwindigkeit aus dem Notebook herausholen.

3.1 ReadyBoost nutzen mit SuperFetch

Das Wichtigste vorab! Abhängig von der bereits installierten Arbeitsspeichermenge profitiert ein Notebook mal mehr, mal weniger von der ReadyBoost-Technik. Ist der Arbeitsspeicher im Notebook zu klein dimensioniert, lässt sich durch das „Erweitern" des Arbeitsspeichers mit einem USB-Stick als ReadyBoost-Cache der Rechner beschleunigen. Da Flashspeicher grundsätzlich schneller als eine herkömmliche Festplatte arbeitet, lassen sich mit der SuperFetch-Technik von Vista oft benötigte Daten und Anwendungen schneller bereitstellen.

SuperFetch ist nichts anderes als ein Mechanismus, der den Windows-Betrieb und das Nutzerverhalten analysiert und diese Prozesse bzw. Speicherseiten für die Speicherauslastung optimiert. Manch ein Anwender öffnet nach dem Starten des Notebooks umgehend den Webbrowser, startet das E-Mail-Programm und eine Textverarbeitung. Wird der Rechner heruntergefahren und am nächsten Tag wieder gestartet, kann Vista mithilfe von SuperFetch bereits nach dem Start alle nötigen Prozesse für den Start des E-Mail-Programms, der Textverarbeitung und des Webbrowsers aktivieren und beschleunigt somit die Einsatzbereitschaft der entsprechenden Anwendungen.

Mit der Zeit ist SuperFetch entsprechend „trainiert" und macht sich gerade bei gleicher sowie regelmäßiger Benutzung im Vista-Betrieb positiv bemerkbar. Mit Windows ReadyBoost (USB-Speicher) und ReadyDrive (bei Flashfestplatten) können diese Informationen bzw. Speicherseiten von SuperFetch neben dem genutzten Arbeitsspeicher auch zusätzlich auf Flashspeicher abgelegt werden.

ReadyBoost-USB-Stick – welchen nehmen?

Für den Einsatz von ReadyBoost muss nicht extra ein neuer USB-Stick gekauft werden. Auch ältere USB-Flashsticks können ReadyBoost-kompatibel sein, sofern sie die Mindestanforderungen erfüllen. So muss der USB-Stick über eine Größe von mindestens 256 MByte Speicherkapazität bei mindestens 230 MByte freiem Speicher verfügen und den schnellen USB-Standard USB 2.0 unterstützen. Die Lesegeschwindigkeit muss mindestens 2,5 MByte/s bei einer Block-Größe von 4 KByte bzw. 1,75 MByte/s bei 512 KByte große Blöcke betragen. Diese Leistungswerte setzen sich aus einem Test zusammen, der sich über den gesamten Speicher erstreckt. Die Blöcke werden bei dem Messverfahren nach dem Zufallsprinzip ausgewählt.

Wer einen neuen USB-Stick kauft, der sollte auf ein entsprechendes „Vista-kompatibel"-Logo oder das eigens dafür geschaffene „Enhanced for Windows ReadyBoost"-Logo achten. Für dieses Logo sind die Anforderungen höher. Hier ist mindestens eine Geschwindigkeit von 5 MByte bei lesenden (4 KByte-Blöcke) bzw. mindestens 3 MByte/s beim schreibenden Zugriff (512-KByte-Blöcke) notwendig.

Bessere, aber auch etwas teurere USB-Sticks, beispielsweise aus dem Hause Kingston, bringen nicht

Abb. 3.1 – Vor dem Kauf vergleichen: Jeder Hersteller gibt in einem Datenblatt Auskunft über die technischen Merkmale des USB-Sticks.

3.1 ReadyBoost nutzen mit SuperFetch

nur die nötige Geschwindigkeit und damit das ReadyBoost-Vista-Logo mit, sondern bieten auch für Sicherheitsbewusste eine Datenverschlüsselung auf dem USB-Stick. Wer also den USB-Stick als Datenaustauschmedium nutzt und die Daten vor fremden Blicken bei einem etwaigen Verlust des USB-Sticks schützen möchte, für den ist der DataTraveler Secure nahezu ideal. Die Daten sind mit einer 256-Bit-AES-Verschlüsselung auf Hardwarebasis gesichert. Legen Sie einfach einmalig einen Bereich auf dem USB-Stick fest, der anschließend als sogenannte private Zone dient. Dort werden die auf den USB-Stick kopierten Daten ad hoc verschlüsselt und mit einem Kennwort geschützt.

> **ReadyBoost mit SD-Karte**
>
> Wer einen schnellen USB-2.0-Kartenleser in seinem Notebook hat, der kann ReadyBoost auch am Kartenleser mit SD-Karten verwenden, sofern diese Karten die Geschwindigkeitskriterien erfüllen. SD-Karten mit dem SDHC-Logo kommen dafür in der Regel in Frage.

Flashspeicher – schnell genug für ReadyBoost?

Wer den „alten" USB-Stick oder die Speicherkarte der Digitalkamera aus der Schreibtischschublade auf seine ReadyBoost-Tauglichkeit prüfen möchte, der kann sich mit einem kleinen Benchmark-Programm von Windows Vista behelfen. Damit lassen sich die konkre-

Abb. 3.2 – www.grantgibson.co.uk/misc/readyboost/ – Hier finden Sie eine übersichtliche Liste von ReadyBoost-tauglichen USB-Sticks.

Abb. 3.3 – Steht in diesem Dialog die Option *System beschleunigen* zur Verfügung, ist der USB-Stick unter Windows Vista für ReadyBoost zu gebrauchen.

3.1 ReadyBoost nutzen mit SuperFetch

ten Leistungswerte des angeschlossenen USB-Sticks ermitteln.

Wer es einfach mag, der schließt den USB-Stick oder die Speicherkarte am Notebook an und wartet auf den Autostart-Mechanismus von Vista. Steht die Option *System beschleunigen* zur Verfügung, kann ReadyBoost mit diesem Flashspeicher verwendet werden. Es ist jedoch nicht zu erkennen, wie schnell der Flashspeicher eigentlich ist.

In diesem Fall können Sie sich mit einem Befehl in der DOS-Eingabeaufforderung behelfen, um die tatsächliche Geschwindigkeit des Flashspeichers herauszufinden. Das ergibt gerade dann Sinn, wenn Sie mehrere Flashspeicher, sprich USB-Sticks und Kameraspeicherkarten, zur Verfügung haben und alle via USB 2.0 am Notebook angeschlossen sind. Voraussetzung für diesen Benchmark sind Administratorrechte unter Vista.

Abb. 3.4 – Wird das DOS-Fenster als Administrator ausgeführt, ist dies in der Fensterleiste am Hinweis *Administrator* zu erkennen.

1. Geben Sie einfach im Suchfenster des Startmenüs den Befehl *cmd* ein und klicken Sie mit der rechten Maustaste auf die gefundene Datei *cmd.exe*. Dort wählen Sie die Option *Als Administrator ausführen*. Nun können Sie mit dem Befehl
winsat disk -write -ran -ransize [Blockgröße] -drive [Laufwerk]
die Schreibspeicherleistung des angeschlossenen Flashspeichers prüfen. Für die ReadyBoost-kompatible Blockgröße beim Schreibvorgang werden 512-KByte-Blöcke genutzt, hier tragen Sie 524288 Byte ein. Der Laufwerkbuchstabe des Flashspeichers wird ohne Doppelpunkt eingegeben. Besitzt der USB-Stick beispielsweise den Laufwerkbuchstaben G:, verwenden Sie folgenden Befehl, um die Schreibleistung des Flashspeichers zu prüfen:
winsat disk -write -ran -ransize 524288 -drive g
Achten Sie bei der Durchführung des Schreibtests darauf, dass genügend freier Speicherplatz auf dem USB-Stick zur Verfügung steht.

2. Der Schreibtest dauert einige Minuten. In diesem Beispiel (Abbildung oben) besitzt der eingesetzte USB-Stick eine Schreibleistung von 10,04 MByte/s und ist damit völlig ausreichend für ReadyBoost. Für die Ermittlung der Lesegeschwindigkeit ersetzen Sie den Parameter *write* durch den Parameter *read*. Für die beim Lesevorgang genutzte ReadyBoost-Blockgröße von 4 KByte tragen Sie 4096 Byte ein. Damit schaut der *winsat*-Befehl folgendermaßen aus:
winsat disk -read -ran -ransize 4096 -drive g

Ist der Flashspeicher für ReadyBoost geeignet, kann dieser als zusätzlicher Cache unter Windows Vista in Betrieb genommen werden. Bei mehreren verfügbaren Flashspeichern nehmen Sie natürlich den schnellsten.

3.1 ReadyBoost nutzen mit SuperFetch

Flashspeicher	Technik	Kapazität	Lesen	Schreiben
Transcend SDHC Class 2	SD-Card	8 GByte	2,38 MByte/s	5,07 MByte/s
Kingston Data Traveller	USB-Stick	4 GByte	6,22 MByte/s	10,04 MByte/s
Sony Memory Stick Duo	Memory Stick Duo	1 GByte	3,73 MByte/s	3,25 MByte/s

Möchten Sie den Flashspeicher nach dem Vista-ReadyBoost-Betrieb wieder in einer Digitalkamera, einem Handy o. Ä. betreiben, ist es sicherheitshalber empfehlenswert, diesen neu zu formatieren. Im dümmsten Fall steht anschließend nicht die komplette Kapazität des Speicherriegels zur Verfügung.

Mit wenigen Klicks – ReadyBoost einrichten
Ob ein Flashspeicher mit ReadyBoost klarkommt oder nicht, wird von Windows Vista beim Einstecken des Geräts überprüft. Das im vorigen Abschnitt beschriebene Testverfahren ist nur für jene interessant, die unter die Haube schauen möchten.

1. Die ReadyBoost-Tauglichkeit ist nach dem Einstecken des Flashspeichers über das Dialogfenster *Automatische Wiedergabe* zu sehen. Steht hier die Option *System beschleunigen* zur Verfügung, kann per Klick darauf die ReadyBoost-Funktion aktiviert und anschließend der ReadyBoost-Cache eingerichtet werden.

Abb. 3.5 – Der Lesetest auf Laufwerk G: (*-drive g*) mit einem Ergebnis von 6,22 MByte/s. Ebenfalls mehr als ausreichend für die ReadyBoost-Technik von Windows Vista.

Abb. 3.6 – Einmal reicht: Wer mehr als einen Flashspeicher für ReadyBoost nutzen möchte, der bekommt von Vista diese Meldung präsentiert.

3.1 ReadyBoost nutzen mit SuperFetch

2. Alternativ lässt sich dieser Dialog auch über die Laufwerkeigenschaften öffnen. Wählen Sie über den Explorer den entsprechenden Laufwerkbuchstaben für den USB-Stick aus und klicken Sie im Kontextmenü den Punkt *Eigenschaften* an.
Die für die ReadyBoost-Beschleunigung notwendige Kapazität entspricht der ein- bis dreifachen Menge der im Notebook verbauten RAM-Kapazität. Auf gut Deutsch: Wer bereits über 2 oder 4 GByte Arbeitsspeicher im PC verbaut hat, der spürt von ReadyBoost kaum etwas. Notebooks mit weniger Arbeitsspeicher, beispielsweise mit 512 MByte RAM, können mit einem angeschlossenen USB-Flashlaufwerk der Größe 2 bis 4 GByte eine spürbare Leistungssteigerung im Alltagsbetrieb aufweisen.

Abb. 3.7 – Wird ein ReadyBoost-tauglicher USB-Speicher eingesteckt, öffnet sich das Dialogfenster *Automatische Wiedergabe*. Hier lässt sich per Klick auf *System beschleunigen* die ReadyBoost-Funktion von Vista einschalten.

Wer allerdings bei einem 512-GByte-RAM-Notebook meint, mit einem USB-Stick das etwaige Aufrüsten des Arbeitsspeichers einzusparen und trotzdem vergleichbare Leistung zu erhalten, der irrt. Im Zweifelsfall ist eine Vista-taugliche RAM-Bestückung, nicht zuletzt aus Geschwindigkeitsgründen, die bessere Wahl. Komplett-PCs mit vollen Speicherbänken oder Notebooks mit begrenzten Aufrüstmöglichkeiten in Sachen Arbeitsspeicher können jedoch mit ReadyBoost im übertragenen Sinne den Arbeitsspeicher mit diesem Cache erweitern. Damit ist im Vergleich zur traditionellen Festplatte ein schnellerer Zugriff auf Cachedaten möglich.

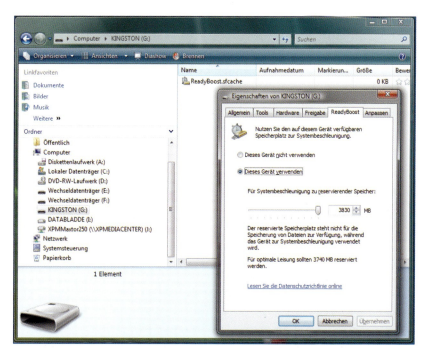

Abb. 3.8 – Bei einem 4 GByte großen USB-Stick empfiehlt Vista einen 3.740 MByte großen ReadyBoost-Cache. Wer auf die übrigen 90 MByte an freiem Speicher verzichten kann, teilt hier ReadyBoost die komplette Kapazität des USB-Stick zu.

3.1 ReadyBoost nutzen mit SuperFetch

Flashspeicher inkompatibel? – ReadyBoost erzwingen

Wer einen alten USB-Stick herumliegen oder eine Kameraspeicherkarte übrig hat, für den können diese unter Umständen noch etwas Nutzen bringen – selbst dann, wenn Vista diesen Flashspeicher zunächst nicht als ReadyBoost-tauglich einstuft. Hier können Sie etwas nachhelfen, indem Sie mit einem Registry-Trick für den Speicher ReadyBoost einfach erzwingen.

1. Damit Windows das Gerät überhaupt kennt, stecken Sie es in den USB-Anschluss oder in den USB-Kartenleser ein. Hier erscheint wie gewohnt der Dialog *Automatische Wiedergabe*.

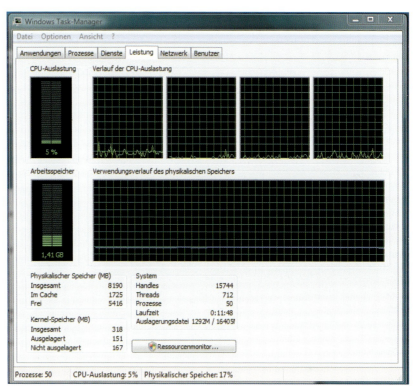

Abb. 3.9 – Das Cacheverhalten des PCs können Sie im Windows Task-Manager im Register *Leistung* im Bereich *Cache* beobachten.

Abb. 3.10 – Ist der genutzte Flashspeicher als nicht ReadyBoost-tauglich eingestuft, fehlt die *System beschleunigen*-Option.

2. Nun wissen Sie, dass Windows Vista ReadyBoost mit diesem Gerät nicht unterstützen möchte. Entfernen Sie es wieder vom USB-Anschluss. Öffnen Sie nun den Registry-Editor über *Start/Ausführen/regedit* und anschließend den Ast *HKEY_LOCAL_MACHINE\SOFTWARE\Microsoft\Windows NT\Current Version\EMDgmt*. Dort finden Sie möglicherweise verschiedene Untereinträge, die mit _??_USBSTOR#Disk&Ven_ etc. beginnen. Wählen Sie hier den entsprechenden nicht ReadyBoost-tauglichen Flashspeicher aus. Als Erkennungsmerkmal dient der Hersteller- oder Produktname des Flashspeichers, der rechts unten in der Statusleiste zu sehen ist.

3. Im Folgenden nehmen Sie verschiedene Änderungen vor, um

3.1 ReadyBoost nutzen mit SuperFetch

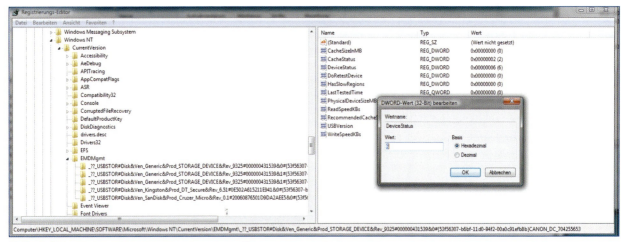

Abb. 3.11 – Schritt für Schritt nehmen Sie die Änderungen in der Registry vor.

Vista einen ReadyBoost-tauglichen Flashspeicher vorzugaukeln. Ändern Sie den Wert bei *Device Status* auf 2 (dezimal). Abschließend passen Sie die Lesegeschwindigkeit bei *ReadSpeedKBs* und *WriteSpeedKBs* auf 1000 (dezimal) an. Ist der Schalter *HasSlowRegions* auf 1 gesetzt, sollte er auf den Wert 0 gesetzt werden, damit der Hack funktioniert.

Ob und wie viel Leistungsgewinn mit dieser Maßnahme verbunden ist, lässt sich pauschal nicht beantworten. Es hängt in erster Linie von der Lese- und Schreibgeschwindigkeit des Flashspeichers ab. Steigt die Prozessorbelastung spürbar, hält sich auch der Cachenutzen in Grenzen. In diesem Fall setzen Sie

besser einen kompatiblen Flashspeicher mit *Enhanced for ReadyBoost*-Logo ein.

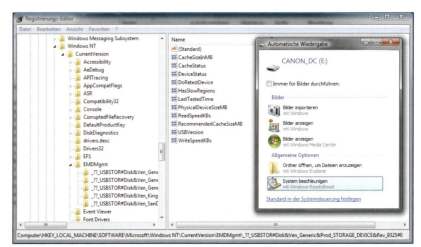

Abb. 3.12 – Sind die Einträge in der Registry gesetzt, erscheint nach dem Einstecken des Flashspeichers die Option *System beschleunigen*.

3.2 Einstecken, einschalten, läuft – Datenrettung über USB-Stick

Ein USB-Stick ist mehr als ein mobiler Datenspeicher – kommt es zum Virenbefall, kann der Stick als Retter in der Not bei Viren- und Trojanerbefall fungieren. Grundvoraussetzung dafür sind ein bootfähiger USB-Stick sowie ein Mainboard, das das Booten via USB unterstützt. Die Praxis zeigt, dass manche Kombinationen aus Mainboard und USB-Stick funktionieren und manche auch nicht. Oft hilft ein BIOS-Update beim Notebook oder ein Firmware-Update des USB-Sticks weiter.

Kommt es zum Notebook-Crash, startet das Notebook nicht mehr oder ist der Bootsektor virenverseucht, hilft das Booten von einem sauberen, unkompromittierten Medium, um das Notebook wieder zu reparieren. Aber die Grundvoraussetzungen dafür müssen gelegt sein. Zunächst sind vor dem Bootvorgang via USB-Stick im BIOS-Setup notwendige Einstellungen vorzunehmen. Die entsprechenden Optionen finden sich in der Regel im Bereich *Advanced Bios Features*. Dort ist beispielsweise unter *First Boot Device* die Option *USB-ZIP, USB-HDD* oder *USB-FDD* auszuwählen. Doch dies genügt noch nicht, denn neben dem BIOS muss auch der USB-Stick selbst das Booten via USB unterstützen. Wer darauf Wert legt, schaut in das Kleingedruckte. Manche Hersteller weisen im Handbuch oder im Internet auf die Bootfähigkeit hin.

Unterstützen der USB-Stick sowie das Notebook das Booten via USB-Schnittstelle, wird der USB-Stick im BIOS-Setup als Wechselplattenlaufwerk angezeigt. Für das Booten via USB-Stick braucht dieser ein Bootimage. Das klingt schwierig und riecht nach Arbeit, in der Praxis ist es aber relativ einfach.

Hier erstellen Sie entweder ein eigenes, persönliches Bootimage oder greifen auf fertige Lösungen zurück.

Um den USB-Stick unter Windows XP bootfähig zu machen, ist eine Diskette mit einem DOS-System, also etwa eine mit dem alten DOS oder eine Windows-XP-Startdiskette, notwendig. Hinzu kommen zusätzlich noch notwendige Treiber und Programme, die nach dem Bootvorgang zur Verfügung stehen sollen. In diesem Fall kann dies ein DOS-Virenscanner, ein Festplattentestprogramm etc. sein, die Anwendungsfälle sind vielfältig.

Wer zu faul ist und auf fertige Lösungen zurückgreifen möchte, der schaut auf *www.bootdisk.com*, *www.bootcd.info* und *www.masterbootrecord.de* – dort gibt es fertige Diskettenimages für jeden Zweck. Diese übertragen Sie auf eine Diskette. Hierzu ist eine leere Diskette in Laufwerk A: notwendig.

Im nächsten Schritt wird der Bootsektor dieses Diskettenimages als Datei benötigt, dies erledigt das Freewarewerkzeug *MKBT, Make Bootable 2.0 (http://nu2.nu/mkbt/index.php)*. Nach dem Herunterladen entpacken Sie das Archiv in ein MKBT-Verzeichnis. Öffnen Sie nun ein MS-DOS-Eingabeaufforderungsfenster und

Abb. 3.13 – *www.startdisk.com/Web1/ubd/ubd.htm*: Dort bekommen Sie das Image der UltimateBootDisk für jeden Zweck.

3.2 Einstecken, einschalten, läuft – Datenrettung über USB-Stick

wechseln Sie in das MKBT-Verzeichnis. Anschließend wird mit dem Befehl:

    mkbt c a: bootsect .bin

die Datei *bootsect.bin* von Laufwerk A: in das Verzeichnis von MKBT geschrieben.

Nun formatieren Sie via Windows-Explorer den USB-Stick (FAT) und übertragen den Bootsektor des extrahierten Diskettenimages. Dafür öffnen Sie ein DOS-Fenster und wechseln mit *cd* MKBT-Verzeichnis in das MKBT-Verzeichnis. Mit dem Befehl

    mkbt x bootsect.bin j:\

formatieren Sie den USB-Stick, der mit dem Laufwerkbuchstaben J: verbunden ist. Hier geben den passenden Laufwerkbuchstaben des USB-Sticks ein. Ist dies erle-

Abb. 3.14 – *http://loosewire.typepad.com/blog/2005/03/a_directory_of_.html* – Hier findet sich eine gute Liste mit Programmen, die direkt vom USB-Stick lauffähig sind.

digt, kopieren Sie via Explorer die restlichen Dateien von der Startdiskette auf den USB-Stick, beispielsweise notwendige Treiberdateien für CD-ROM, Virenscanner etc. Auf der folgenden Webseite finden Sie eine Liste mit Programmen, die von einem USB-Stick laufen, ohne dass die Software installiert werden muss. Ein Windows-Verzeichnis oder etwaige Registry-Keys etc. werden nicht benötigt.

So lässt sich der USB-Stick beispielsweise mit Firefox oder Thunderbird perfektionieren. Hier speichern Sie die E-Mail-Einstellungen und Bookmarks auf den USB-Stick und nutzen diese auf einem anderen Rechner. In Sachen Virenschutz bietet Symantec auf seiner Webseite (*www.symantec.com/region/de/avcenter/removal_tools.html*) Entfernungsprogramme an, die über einen USB-Stick zum Säubern eines infizierten PCs genutzt werden können. Doch nicht nur zum Booten des Notebooks und Starten von Programmen kann ein USB-Stick genutzt werden, sondern auch als Passwort-Safe.

Abb. 3.15 – Übersichtlich und oft die letzte Rettung: Für jeden Zweck bietet Symantec Werkzeuge zum Entfernen der Schädlinge an.

3.3 USB-Stick als Windows-Passwort-Safe

Schneller booten mit USB-Stick: Wer sein Windows-Passwort öfter mal vergisst, der kann den USB-Stick als Passwort-Safe verwenden. Ist der USB-Stick entsprechend präpariert, übernimmt Windows beim Start nach dem Einstecken des USB-Sticks oder der Speicherkarte im Anmeldedialog das dort gesicherte Passwort und startet wie gewohnt. Das Konfigurieren des USB-Sticks als Passwort-Safe ist schnell erledigt:

1. Wählen Sie nach der Auswahl des Benutzerkontos im linken Bereich bei Windows XP den

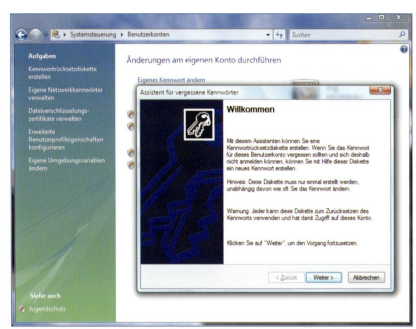

Abb. 3.16 – Über *Systemsteuerung/ Benutzerkonten* ist das entsprechende Benutzerkonto auszuwählen, das Windows über den USB-Stick starten soll.

Schalter *Vergessen von Kennwörtern verhindern* aus – bei Windows Vista heißt dies *Kennwortrücksetzdiskette erstellen*. Anschließend öffnet sich ein passender Assistent, mit dem das Passwort auf den USB-Stick

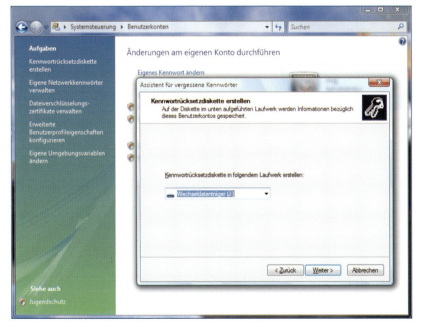

Abb. 3.17 – Wer keinen USB-Stick zur Hand hat, kann auch alternativ eine Diskette als Passwort-Safe nutzen.

3.3 USB-Stick als Windows-Passwort-Safe

geschrieben wird. Nach dem Klick auf die *Weiter*-Schaltfläche wählen Sie das Wechselplattenlaufwerk aus, das als Passwort-Safe fungieren soll.

2. Im nächsten Schritt geben Sie das passende Benutzerkennwort für das ausgewählte Benutzerkonto ein. Dieses ist zugleich das Login-Passwort, falls Sie Windows mal nicht über den Passwort-Safe starten möchten.

3. Nun wird das Passwort verschlüsselt auf den USB-Stick übertragen. Augenblicklich meldet der Assistent Vollzug.

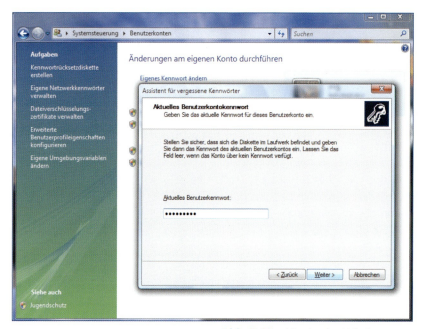

Abb. 3.18 – Hier ist das Windows-Passwort einzugeben, das für die Anmeldung mit dem gewählten Konto notwendig ist. Mit dem Klick auf die *Weiter*-Schaltfläche wird das Einrichten des Passwort-Safes abgeschlossen.

Abb. 3.19 – Arbeit erledigt: Nun befinden sich die Zugangsdaten für Windows auf dem USB-Stick.

3.3 USB-Stick als Windows-Passwort-Safe

4. Der Assistent wird jetzt mit einem Klick auf die *Fertig stellen*-Schaltfläche beendet, nun können Sie sich bei Windows per USB-Stick einloggen. Die Zugangsdaten für Windows sind in einer verschlüsselten Datei auf dem USB-Stick untergebracht:

> **USB-Stick sicher aufbewahren**
>
> Jeder, der Zugriff auf den USB-Stick oder die Diskette hat, kann diese Datei als Passwortschlüssel verwenden und sich mit diesem am entsprechenden Notebook anmelden. Bewahren Sie deswegen den USB-Stick entsprechend sorgfältig auf.

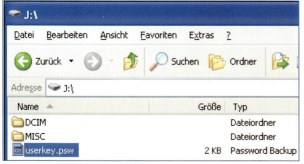

Abb. 3.20 – Die Datei *userkey.psw* beherbergt die Zugangsdaten für Windows. Diese Datei können Sie auch auf Diskette oder auf ein anderes Wechselplattenmedium sichern.

3.4 Von Microsoft: automatisches Backup vom USB-Stick

Um die Daten eines USB-Sticks zu sichern, können Sie einfach den Explorer nutzen und die Daten per *Kopieren/Einfügen* auf der Festplatte speichern. Wer es lieber bequemer mag, der kann diese Aufgabe auch mit dem USB Flash Drive Manager von Microsoft erledigen. Das englischsprachige Tool ist direkt bei Microsoft (*www.microsoft.com/downloads/...*) erhältlich, zusätzlich ist auch das aktuelle .NET Framework 1.1 notwendig.

Abhängig von der Konfiguration kann das USB Flash Drive Manager-Werkzeug auch auf den USB-Stick kopiert werden. Anschließend ist es dann automatisch auf jedem PC oder Notebook verfügbar, wenn der USB-Stick eingesteckt wird.

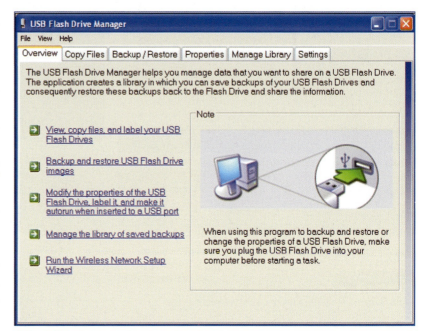

Abb. 3.21 – Mit dem USB Flash Drive Manager sichern Sie einzelne Dateien oder den ganzen Inhalt des USB-Sticks auf Festplatte.

4 Mehr Strom – Power-Management bei Notebooks

Durch die stärkere Nachfrage nach Notebooks und die dadurch verstärkte Entwicklung der Akkus haben sich deren Kapazität sowie Lebenszeit deutlich verbessert. Im Gegensatz dazu sind die Stromfresser auch größer geworden. Gerade moderne Prozessoren benötigen mehr Energie als ihre Vorgänger, und neue, größere Displays verbrauchen auch mehr Strom. Mit jeder Einführung eines neuen technischen Features wie WLAN, DVD-Brenner etc. kommen zusätzliche neue, energiehungrige Komponenten dazu. Deshalb ist gerade bei Notebooks Power-Management wichtiger denn je, da sich durch eine intelligente Einrichtung des Power-Managements viel Strom sparen und dadurch eine längere Akkulaufzeit erreichen lässt.

4.1 Auf dem Ökotrip – Stromverbrauch senken

Wie ein PC lässt sich ein Notebook nicht nur tunen und deutlich beschleunigen, sondern auch hinsichtlich des Energieverbrauchs optimieren. Dies sorgt nicht nur für eine angenehmere Geräuschkulisse, sondern im Fall eines Notebooks auch für längere Akkulaufzeiten. Eingriffe mit Windows-Bordmitteln und zusätzlichen Freewareprogrammen sorgen für mehr Komfort und Leistung im Akkubetrieb.

Viele Notebooks stürzen im Betrieb dauernd ab, weil das Power-Management nicht funktioniert oder falsch konfiguriert ist. Oder das Notebook zieht zu viel Strom. Entgegen den Herstellerangaben ist der Akku des Notebooks schon nach weniger als zwei Stunden entleert. Das muss nicht sein, wenn Sie das Power-Management des Notebooks richtig einsetzen.

Längerer Betrieb mit Power-Management

Power-Management ist das A und O im Notebook-Betrieb. Es ist nicht nur sinnvoll, sondern zwingend notwendig, Energie zu sparen und das Notebook gegebenenfalls zu drosseln, wenn es ohnehin gerade im Leerlauf arbeitet. Um Power-Management zu verstehen und richtig zu konfigurieren, sollten Sie die unterschiedlichen Schalter dafür kennen und auseinanderhalten können.

APM (Advanced Power Management) wird im BIOS konfiguriert und funktioniert somit auch unabhängig vom Betriebssystem. So lassen sich beispielsweise für Festplatten oder Bildschirm Inaktivitätszeitspannen festlegen, nach deren Ablauf diese Komponenten in den Standby-Modus, den Ruhezustand, geschaltet werden. Durch Maus- oder Tastendruck (oder ein anderes Ereignis wie Netzwerkzugriff etc.) wird der Ruhezustand aufgehoben.

ACPI (Advanced Configuration and Power Interface) beinhaltet auch die APM-Features und ist damit die moderne Variante von APM. ACPI ist grundsätzlich etwas komplizierter als APM und wird über das installierte Betriebssystem gesteuert. Hier können sich Komponenten gegenseitig aktivieren und deaktivieren. Mit der OnNow-Technik lässt sich mithilfe von ACPI bei PC und Notebook ein Standby-Betrieb erreichen. Damit ist der Rechner wie ein Fernseher einfach per Tastendruck ohne den lästigen Bootvorgang betriebsbereit.

ACPI-Eigenschaft	Zweck
Plug & Play	ACPI-konforme Komponenten werden automatisch von der ACPI-Ansteuerung erkannt.
Power-Management-Steuerung	Die Power-Management-Steuerung reguliert die Stromversorgung von Komponenten wie Monitor, Steckkarten, Laufwerken – sofern diese ACPI-tauglich sind und ihre Treiber das auch können.
Soft Ein/Aus	Gestattet dem Betriebssystem, das Notebook selbstständig auszuschalten oder aus seinem Standby-Bereitschaftsruhezustand aufzuwecken.
Aufweckergeinisse	Ein ACPI-taugliches Notebook kann durch verschiedene weitere Ereignisse aus seinem Ruhezustand erweckt werden: über Netzwerk, USB-Aktivität, Modem oder spezielle Tastatur-Extratasten.
Suspend-Schalter	Unterstützung zusätzlicher Schalter/Taster am Gehäuse, um das Notebook beispielsweise in den Ruhezustand zu schalten.

4.1 Auf dem Ökotrip – Stromverbrauch senken

Mit Power-Management lassen sich weitere Dinge erledigen. Ein schlafendes Notebook oder ein schlafender PC kann beispielsweise via Modem oder über das Netzwerk aufgeweckt werden, sofern die verwendeten Komponenten (Modem, Netzwerkkarte) wie auch BIOS und installierte Treiber dies unterstützen.

Voraussetzungen für funktionierendes Power-Management
Damit das Power-Management auf einem Notebook oder PC auch zufriedenstellend funktioniert, müssen verschiedene Bedingungen erfüllt und Komponenten sowie Treiber ordnungsgemäß installiert sein:

Power-Management-Voraussetzung	Bemerkung
Netzteil	Falls das Notebook oder der PC über die Tastatur eingeschaltet werden soll (oder automatisch per Betriebssystem), muss diese Funktion vom Mainboard des PCs bzw. vom Notebook unterstützt werden. Viele Hersteller aktivieren diese Funktion im BIOS und/oder über einen Jumper. Bei einem PC ist dies nur mit den ATX-Netzteilen bzw. dem Nachfolger BTX möglich.
Mainboard	Auf dem Mainboard muss sich ein Chipsatz befinden, der die Advanced Power Management-Funktionen beherrscht, die Windows wünscht – sonst geht nichts. Diese Voraussetzung erfüllen alle modernen PCs und Notebooks – Ausreißer gibt es aber leider noch immer.
BIOS	Grundsätzlich gilt: Damit Windows Power-Management überhaupt erkennt und installieren kann, muss es zuallererst im BIOS-Setup aktiviert sein. Ist es im BIOS ausgeschaltet und Windows wird installiert, erscheint in der Regel im Geräte-Manager ein Fehler beim Power-Management. Erst nachdem im BIOS das Power-Management aktiviert wurde, erkennt die Hardwareerkennung von Windows es als neue Komponente, und der Fehler gehört der Vergangenheit an.
Steckkarten und Komponenten	Natürlich müssen auch alle Komponenten Power-Management unterstützen. Das ist einer der unberechenbarsten Faktoren. Gerade bei der Festplatte kommt es vor, dass Power-Management nicht funktioniert. Abhängig von der Arbeitsweise sollte bedacht werden, dass häufiges Ein-/Ausschalten der Festplatte ihre Lebensdauer verkürzt. Bei Desktop-PCs sollte Power-Management für die Festplatte eher deaktiviert bleiben, bei Notebooks im Akkubetrieb ist das Aktivieren jedoch sinnvoll, da sie Energie sparen müssen, wo es nur geht. Die restlichen Komponenten wie Chipsatz, Grafikkarte, Netzwerkkarte etc. müssen natürlich mitspielen.
Treiber	Nicht nur Steckkarten und Komponenten müssen tauglich sein, auch ihre Treiber müssen das Power-Management unterstützen. In diesem Zusammenhang sind häufig Treiber-Updates bei den Herstellern erhältlich.
Betriebssystem	Stimmen alle genannten Voraussetzungen, muss natürlich noch ein Power-Management-taugliches Betriebssystem vorhanden sein und richtig konfiguriert werden.

4.1 Auf dem Ökotrip – Stromverbrauch senken

Abhängig von der zur Verfügung stehenden Akkuleistung, vom Leistungsverbrauch sowie von den persönlichen Bedürfnissen wie Bildschirmhelligkeit, Prozessorgeschwindigkeit etc. ist die Konfiguration des Power-Managements vorzunehmen. So reicht ein Klick auf die Tastatur aus, um es zu starten oder herunterzufahren. Mit aktiviertem Power-Management können Sie das Notebook dann nicht nur herunterfahren, sondern es per Mausklick in den Standby-Modus bringen. Um den PC wieder aufzuwecken, reicht abhängig von der Konfiguration der Druck auf den PC-Einschaltknopf, ein Tastendruck oder das Bewegen der Maus.

Hibernate-Modus

Im Gegensatz zu gewöhnlichen PCs ist bei Notebooks der sogenannte Hibernate-Modus weit verbreitet. Hier wird der Zustand des Rechners „eingefroren", indem ein Abbild des Arbeitsspeichers und des Systemzustands beim Herunterfahren auf die Festplatte geschrieben und danach der Rechner ausgeschaltet wird. Schalten Sie den Notebook oder PC danach wieder ein, kann nach ca. 10 bis 30 Sekunden, je nach Festplattengeschwindigkeit und Arbeitsspeichergröße, wieder an der Stelle weitergearbeitet werden, an der das Notebook schlafen gelegt wurde. So bleibt die gewohnte Arbeitsoberfläche erhalten.

Damit das reibungslos funktioniert, müssen sowohl das BIOS als auch die installierten Treiber dies unterstützen. Lässt sich dieser nicht starten, weist Windows mit einer entsprechenden Fehlermeldung wie beispielsweise *Hibernation disabled because hibernate is not supported by the audio driver- emu10k1.vxd* darauf hin. Mit einer halbwegs aktuellen Treiberausstattung und korrekt konfigurierten Power-Management-Einstellungen kommt dies jedoch unter Windows Vista kaum mehr vor.

> **Keine Power-Management-Einstellungen im BIOS?**
>
> Oft sind Sie im BIOS Power-Management-Einstellungen nicht verfügbar, da der Notebook-Hersteller diese ausgeblendet hat. Das ist kein Grund zur Beunruhigung, denn hier ist allein das installierte Betriebssystem für das Power-Management zuständig.

Power-Management im BIOS konfigurieren

Zunächst überprüfen Sie die Power-Management-Einstellungen im BIOS. Das BIOS erreichen Sie durch Neustarten des Notebooks und anschließendes Drücken der Taste `Entf`, `F1` oder anderen Spezialtasten, die modellabhängig sind.

Am besten stimmen Sie die BIOS Einstellungen mit dem Betriebssystem ab, indem Sie zunächst im BIOS die meisten Power-Management-Einstellungen deaktivieren. Der Grund: Um das Betriebssystem optimal für Power-Management einzurichten, erledigen Sie zunächst die Betriebssystemseite und verhindern mit diesem Trick, dass das BIOS hier in die Quere kommt. Ist das Betriebssystem konfiguriert, optimieren Sie die BIOS-Einstellungen für perfektes Power-Management.

Im Takt – Notebook-Prozessor im Sparmodus

Bei Notebooks kommen vor allem stromsparende Prozessoren zum Einsatz, die selbstständig ihre Taktfrequenz variieren können. Einige Prozessoren lassen sogar das Anpassen der Spannung zu, was enorm an Akkuleistung einspart. Da der Prozessor die meiste Zeit nicht auf voller Leistung ausgelastet ist, muss er auch nicht ständig auf der höchsten Frequenz laufen. Drosselt sich der Prozessor selbstständig herunter, lässt sich so ohne Leistungseinbußen eine Menge Akkuleistung sparen.

4.1 Auf dem Ökotrip – Stromverbrauch senken

Achten Sie beim Kauf eines Notebooks auf Prozessoren, die explizit für Notebooks entwickelt und gebaut wurden. Wie Sie den Stromverbrauch des Notebook-Prozessors drastisch senken und somit die Akkulaufzeit erhöhen können, lesen Sie in diesem Kapitel ab Seite 108.

LCD-Bildschirm – Stromfresser Nummer eins
Egal ob altes oder neues Notebook, der LCD-Bildschirm verbraucht neben dem Prozessor die meiste Akkuleistung. So bringt nicht nur das Ausschalten des Displays bei Nichtgebrauch einige wertvolle Akkuminuten, sondern auch das Herabsetzen der Hintergrundbeleuchtung. In den wenigsten Fällen muss die Hintergrundbeleuchtung auf voller Leistung laufen, und die meisten Notebooks bieten hier eine stufenweise Regelung der Helligkeit über eine Tastenkombination an.

Oft notwendig: Festplatten schlafen legen
Doch nicht nur die LCD-Displays, sondern auch die Festplatten verbrauchen im Ruhezustand deutlich weniger Strom. Deshalb ist es auch hier sinnvoll, für Festplatten im Akkubetrieb den Ruhezustand zu aktivieren, falls sie eine gewisse Zeit nicht gebraucht werden. Soll die Festplatte via Power-Management schlafen gelegt werden, sollten Sie darauf achten, dass während des Akkubetriebs keine festplattenintensiven Anwendungen ausgeführt werden, die viele Schreib- und Lesezugriffe benötigen.

**Akkuschmarotzer ausbremsen:
WLAN und USB deaktivieren**
Oft vergessen – auch WLAN-/Bluetooth-Komponenten und eingesteckte USB-Geräte verbrauchen einiges an Akkuleistung. Gerade USB-Geräte wie USB-Mäuse, Digitalkameras oder USB-Sticks holen sich ihre Betriebsspannung via USB-Kabel vom Notebook, auch wenn sie nur in Betriebsbereitschaft sind. Werden diese nicht zwingend benötigt, klemmen Sie sie einfach ab. Ist kein USB-Gerät angeschlossen, hilft auch das Deaktivieren des USB Host Controller in der Systemsteuerung. Da dieser regelmäßig auf den Systembus zugreift, kann sich der Prozessor oft selbst nicht in den Standby- oder Ruhemodus versetzen. Für Abhilfe sorgt hier das Deaktivieren von USB über die Systemsteuerung. Einfacher zu handhaben sind WLAN-Netzwerkkarten und Bluetooth-Module. Bei externen PCMCIA-Lösungen stecken Sie diese einfach aus. Ist die WLAN- oder Bluetooth-Karte im Notebook verbaut, bieten viele Notebooks einfach einen Ein-/Ausschalter an.

4.2 Power-Management unter Windows Vista konfigurieren

Fast alle Komponenten im Notebook kennen verschiedene Betriebszustände: schlafend, untätig, aktiv, inaktiv etc. Jeder Betriebszustand benötigt auch unterschiedlich viel Energie. Die größten Stromfresser sind bei einem Notebook der LCD-Bildschirm, der Prozessor, der Chipsatz sowie die Festplatte. Bei manchen Notebooks ist Power-Management bei der Auslieferung nicht aktiviert, oder die vordefinierten Einstellungen brauchen zu viel Akkuleistung.

1. Durch die verschiedenen Energieschemata kann festgelegt

Abb. 4.1 – Power-Management lässt sich bei Windows Vista in der *Systemsteuerung* unter *Energieoptionen* konfigurieren.

werden, nach welcher Zeitspanne Komponenten abgeschaltet werden. Standardmäßig ist hier die Einstellung *Ausbalanciert* voreingestellt. Wer wenig leistungshungrige Anwendungen auf dem Notebook betreibt, der stellt hier *Energiesparmodus* ein.

Wählen Sie ein Energieschema für das Notebook aus oder defi-

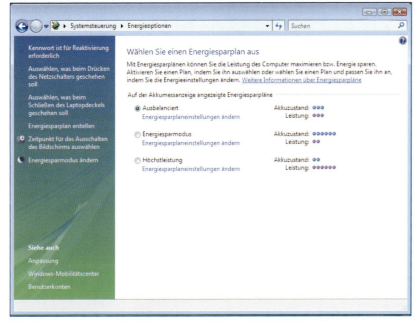

Abb. 4.2 – Übersichtlich: nach dem Start der *Energieoptionen*.

4.2 Power-Management unter Windows Vista konfigurieren

nieren Sie Ihr eigenes Energieschema, indem Sie die Einstellungen selbst im Detail festlegen. Für die individuelle Zeitspannendefinition stellen Sie im rechten Bereich des Fensters zunächst den gewünschten Energiesparplan aus und klicken dann auf den darunter liegenden Link *Energiesparplaneinstellungen ändern*.

2. Im Dialogfeld *Energieoptionen* lässt sich für nahezu jede Notebook-Komponente festlegen, wie Windows Vista auf ein bestimmtes Ereignis wie Akku-

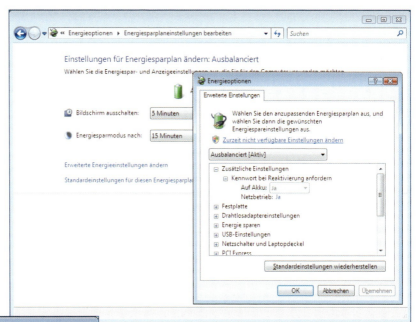

Abb. 4.3 – Mehr Sicherheit: Wird das Notebook nach dem Aufwachen wieder aktiv, ist ein Passwort notwendig, um mit Windows Vista weiterzuarbeiten.

stand kritisch, Maus wird angeschlossen, Notebook-Deckel wird geschlossen etc. reagieren soll. Hier lassen sich auch passende Zeitintervalle konfigurieren – meldet beispielsweise der Akku einen Füllstand von verbleibenden 20 % Leistung, kann mit dem Notebook noch etwas weitergearbeitet werden, ohne das Gerät panikartig ausschalten zu müssen.

3. Doch ärgerlich ist es, wenn das Notebook während des Schreibens eines langen Briefs auf einmal den Geist wegen fehlender Akkuleistung aufgibt. Das

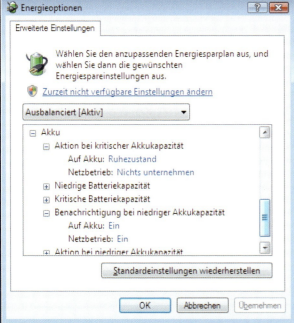

Abb. 4.4 – Da Energiesparen meist mit weniger Leistung oder schlechteren Reaktionszeiten einhergeht, sollte Power-Management in der Regel nur im Akkumodus aktiv sein.

4.2 Power-Management unter Windows Vista konfigurieren

muss nicht sein. Jeder Akku besitzt unterschiedliche Leistungswerte. Gerade deshalb ist es ratsam, den Energiestand des Akkus immer im Auge zu haben. Im Bereich *Akku* erhalten Sie dazu die notwendigen Informationen. Im Bereich *Benachrichtigung bei niedriger Akkukapazität* legen Sie fest, wann Windows Bescheid geben soll, damit die wichtigen Daten rechtzeitig auf die Festplatte gespeichert werden können.

4. Ideal für unterwegs – bei einem Notebook kann auch per Schließen der LCD-Klappe das Power-Management aktiv werden. Mit dieser Einstellung wechselt das System in den Ruhezustand. Nach dem Aufwecken kann am Ausgangspunkt wieder weitergearbeitet werden. Dafür lässt sich im Bereich *Netzschalter und Laptopdeckel* die entsprechende Zeitspanne einstellen. Sind die persönlichen Energiesparmaßnahmen eingestellt, schließen Sie per Klick auf *OK* die Konfiguration der Energieeinstellungen von Vista ab. Diese sind umgehend aktiv, ein Neustart des Notebooks ist nicht notwendig.

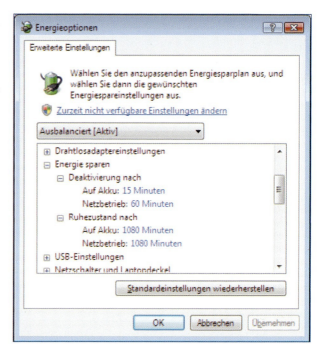

Abb. 4.5 – Ist der Ruhezustand bei *Energie sparen* nicht eingeschaltet, muss er bei *Auf Akku* und *Netzbetrieb* mit der passenden Zeitspanne konfiguriert werden.

Abb. 4.6 – *http://crystalmark.info/?lang=en* – Hier ist die Freeware CrystalCpuid für AMD-Prozessoren erhältlich.

CrystalCpuid – AMD-Prozessor heruntertakten

Die Freeware CrystalCpuid regelt die CPU-Frequenz und -Spannung, was den Stromverbrauch Ihres AMD-Notebooks senkt und somit für eine deutlich höhere Akkulaufzeit sorgt. CrystalCpuid ersetzt den AMD-Treiber sowie die Windows-eigene Regelung der Taktfrequenz bei Athlon XP/64-Prozessoren. Alle Multiplikatoren von 4x bis *max. Prozessor* sind on the fly in 0,5-Schritten einstellbar

4.2 Power-Management unter Windows Vista konfigurieren

und werden ohne Zeitverzögerung oder nervigen Neustart aktiv.

Nach dem Download und der Installation starten Sie CrystalCpuid. Egal ob Sie das System hoch- oder heruntertakten: Häufen sich die Systemabstürze oder friert der Rechner einfach ein, ändern Sie den Spannungswert auf die nächsthöhere bzw. nächsttiefere Stufe. So hangeln Sie sich schrittweise zu den optimalen Einstellungen.

Die Prozessorspannung lässt sich nach Leistungsstufe (*Hoch*, *Mittel*, *Niedrig*) festlegen. Versuchen Sie bei der Reduzierung der Spannung, in kleinen 0,025-

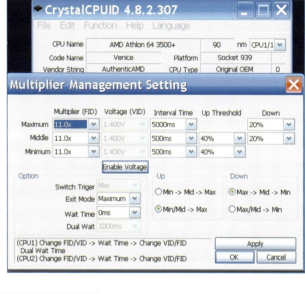

Abb. 4.7 – Per Klick auf die Schaltfläche *Enable Voltage* kommen Sie an die Spannungseinstellungen des AMD-Prozessors heran.

Volt-Schritten vorzugehen. Gerade bei der niedrigen Leistungsstufe ist es sinnvoll, CrystalCpuid entsprechend einzurichten, da sich der Prozessor hier im Leerlauf befindet.

Intel Centrino – Prozessor & Co. im Griff

Was *Crystal Cpuid* für AMD-Prozessoren leistet, bietet *Notebook Hardware Control* (Freeware, erhältlich bei *www.pbus-167.com*) für auf Intel Centrino basierende Notebooks. Bekanntlich ist unter dem Markennamen Intel Centrino nicht nur der Mobile-Prozessor, sondern

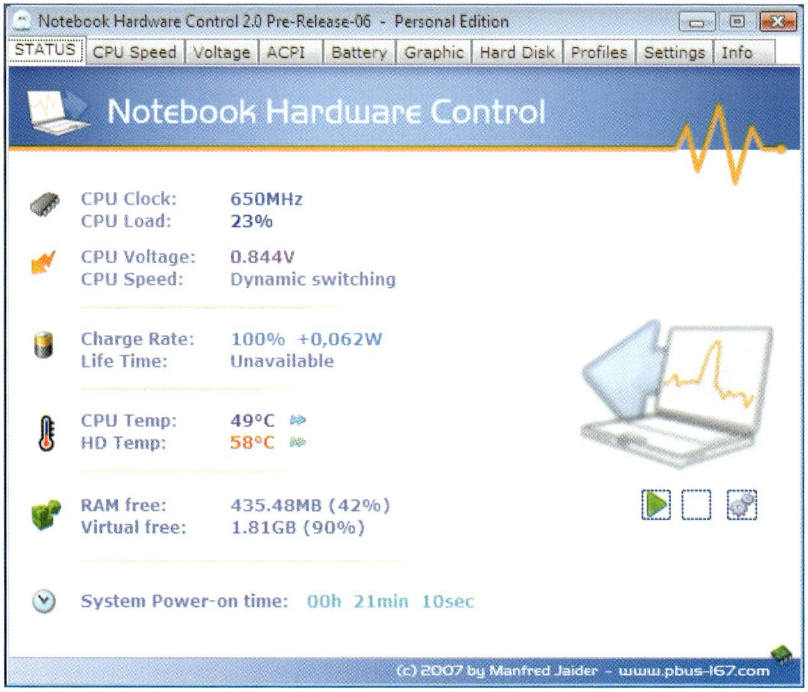

Abb. 4.8 – *Notebook Hardware Control* benötigt das Microsoft .NET Framework 2.0.

4.2 Power-Management unter Windows Vista konfigurieren

auch der Chipsatz sowie der Netzwerkadapter aus dem Hause Intel zu finden. Mit der Freeware *Notebook Hardware Control* lassen sich diese Notebook-Hardwarekomponenten nicht nur in Sachen Temperatur, Taktfrequenz etc. überwachen, sondern auch beeinflussen.

So lässt sich mit der Prozessor-Frequenzkontrolle (CPU Speed Control) sowie dem dynamischen Takten des Prozessors (Custom Dynamic Switching) die Prozessorgeschwindigkeit und damit auch der Energieverbrauch reduzieren. Wird zusätzlich die Spannung des Prozessors herabgesetzt, sorgt dies für weniger Akkuverbrauch. Wird die Leistung des Prozessors heruntergedreht, tritt dementsprechend weniger Abwärme auf, was wiederum durch eine reduzierte Lüfterdrehzahl für eine angenehmere Geräuschkulisse sorgt.

Zusätzlich bietet *Notebook Hardware Control* neben der Drehzahlsteuerung der Lüfter und der Temperaturüberwachung auch eine Festplattenunterstützung. Hier bietet die Freeware neben der Überwachung der Festplattentemperatur und den SMART-Daten auch das Konfigurieren der Akustik und des Power-Managements der Festplatte.

Abkühlung für den Prozessor – Rain installieren
Wer kein Intel-basiertes Centrino-Notebook hat, der kann sich in Sachen Prozessorfreeware auch mit dem Tool *Rain* behelfen. Damit lassen Sie den Prozessor einfach kühler laufen, ohne dass Systemabstürze und Stabilitätsprobleme auftreten. Nach dem Download und der Installation ist *Rain* im Hintergrund aktiv und überwacht den Prozessor. Befindet sich der Prozessor im Leerlauf, schaltet *Rain* diesen in einer Art Halte-Modus. Hier werden verschiedene Prozessorbereiche abgeschaltet und Teile des Prozessors heruntergetaktet. Kommt vom System eine entsprechende Anforderung, etwa weil etwas zu speichern ist, wird der Prozessor wieder aus seinem Dornröschenschlaf geweckt und nimmt ohne Zeitverlust seine Arbeit auf. Diese Maßnahme senkt den Stromverbrauch des Prozessors und verlängert damit auch die Akkulaufzeit des Notebooks.

5 Daten mit dem Desktop-PC synchronisieren und austauschen

Nur zum Surfen mit mehreren Rechnern oder vom Sofa aus wäre ein Netzwerk viel zu schade. Schnell werden Sie feststellen, wie praktisch es ist, Informationen aus einem Computer unterwegs überallhin mitzunehmen, indem Sie den Computer mit Ihrem Notebook synchronisieren. Weiterhin können Sie Daten zwischen mehreren Rechnern austauschen, Druckaufträge über einen zentralen Drucker ausgeben, Digitalfotos für alle im Netz bereitstellen und vieles mehr. Das ist alles mit

5 Daten mit dem Desktop-PC synchronisieren/austauschen

Vista-Bordmitteln machbar, auch Sicherheitsaspekte kommen nicht zu kurz. Sie benötigen allerdings ein paar Grundvoraussetzungen zum reibungslosen Betrieb.

Um im Heimnetz mit anderen Rechnern Daten auszutauschen, sind folgende Voraussetzungen notwendig:

- TCP/IP installiert
- Arbeitsgruppe eingerichtet
- Rechnernamen eingetragen
- Client für MS-Netzwerk installiert
- Datei- und Druckerfreigabe installiert auf einem oder mehreren Rechnern ist mindestens ein Ordner oder Laufwerk freigegeben
- Freigabenamen ohne Umlaute, Sonder- und Leerzeichen und nicht länger als zwölf Zeichen
- Name und Kennwort des Benutzers auf beiden Rechnern identisch

Damit das funktioniert, müssen neben der IP-Konfiguration des DSL-Routers auch die Netzwerkparameter auf jedem Rechner richtig installiert sein. Das bedeutet im Klartext, dass auf jedem PC ein Netzwerkadapter (Netzwerkkarte, WLAN-Karte etc.) vorhanden und installiert ist.

Abb. 5.1 – Klicken Sie auf *Status anzeigen*, dann erscheint die Konfiguration der Netzwerkkarte.

5.1 Drucker und Windows-Freigaben einrichten

Ist kein DHCP-Server oder DSL-Router im Netz, der für die automatische Vergabe der IP-Adressen zuständig ist, müssen die IP-Adressen und die Subnetzmasken von Hand auf jedem PC eingetragen werden. Die Wahl der IP-Adresse bleibt jedem selbst überlassen. Sie sollten für eine bessere Übersicht immer aufsteigend eine Adresse mit 192.168.0.1, 192.168.0.2 etc. vergeben. Wählen Sie über die *Systemsteuerung* bei *Netzwerkverbindungen* die Schnittstelle aus, die für den Internetzugang sorgt, und anschließend *Eigenschaften*. Im Register *Allgemein* ist das TCP/IP-Protokoll zu finden. Dort klicken Sie abermals auf *Eigenschaften*.

Zusätzlich ist darauf zu achten, dass die Subnetzmaske bei allen Rechnern im Netz identisch ist. Ist ein DHCP-Server im Betrieb, prüfen Sie mit dem *Ping*-Befehl, ob sich die beiden Rechner untereinander im Netzwerk überhaupt „sehen". Haben Sie die IP-Adressen von Hand vergeben, ist die Subnetzmaske sicherlich identisch, dann wissen Sie aber auch, welche IP-Adresse Sie anpingen müssen.

Test mit dem Ping-Befehl
Ist alles richtig eingestellt, sollten Sie das Notebook und den Rechner gegenseitig erfolgreich „anpingen" können. Dies erledigen Sie in der DOS-Eingabeaufforderung bzw. im *Ausführen*-Dialog mit dem Befehl *ping [IP-ADRESSE]*. In diesem Beispiel geben Sie den Befehl *ping 192.168.0.1* ein. Ist bei Windows Vista der *Ausführen*-Befehl im Startmenü ausgeblendet, können Sie diesen per Mausklick aktivieren.

Ping-Befehl bei Vista freischalten
Klappt das Anpingen eines Vista-PCs trotz richtiger IP-Konfiguration nicht, liegt dies in der Regel an der Firewall von Windows Vista. Diese ignoriert in der Standardeinstellung sämtliche eingehenden Ping-Anfragen. Um der Vista-Firewall die Annahme des Ping-Befehls im Heimnetz zu erlauben, öffnen Sie die Windows-Firewall über das

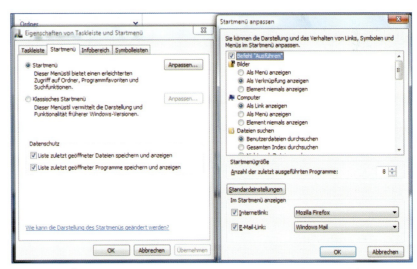

Abb. 5.2 – Klicken Sie auf *Status von LAN-Verbindung*, erscheint die Konfiguration der Netzwerkkarte.

Abb. 5.3 – Über *Eigenschaften der Taskleiste* und Klick auf die Schaltfläche *Anpassen* aktivieren Sie den *Ausführen*-Befehl bei Windows Vista.

5.1 Drucker und Windows-Freigaben einrichten

Startmenü und *Windows-Firewall mit erweiterter Sicherheit*. Dort wählen Sie *Eingehende Regeln* und aktivieren die Regel *Datei- und Druckerfreigabe (Echoanforderung – ICMPv4 eingehend)*. Falls diese Regel mehrmals zu sehen ist, schalten Sie Ping für das gewünschte Netzwerkprofil (im Heimnetz Domäne, Privat) frei. Ist das Anpingen nun erfolgreich, sind weitere Voraussetzungen notwendig, um die Rechner im Heimnetz zur Zusammenarbeit zu bewegen.

Gemeinsame Arbeitsgruppe als Basis
Das A und O ist eine gemeinsame Arbeitsgruppe. Standardmäßig nennt sich diese nach einer Windows Vista-Installation *WORKGROUP*, diese Bezeichnung variiert jedoch je nach Windows-Version. Windows XP nennt diese *MSHEIMNETZ* oder *WORKGROUP*, und falls ein Rechner, beispielsweise das Firmen-Notebook, bereits in einem anderen Netz unterwegs war, hat dieses wieder einen anderen Arbeitsgruppennamen.

Arbeitsgruppennamen vergeben
Um den Arbeitsgruppennamen zu ändern bzw. auf Ihr Heimnetz anzupassen, sollten Sie Folgendes beachten. Der Name der Arbeitsgruppe muss auf allen Rechnern im Netz identisch sein. Der Name sollte so kurz wie möglich sowie ohne Umlaute, Sonder- und Leerzeichen auskommen. Passen Sie nun den Namen an bzw. überprüfen Sie die Einstellungen. Mit dem Assistenten für die Netzwerkanmeldung richten Sie nun die Arbeitsgruppe für die Rechner im Heimnetz ein.

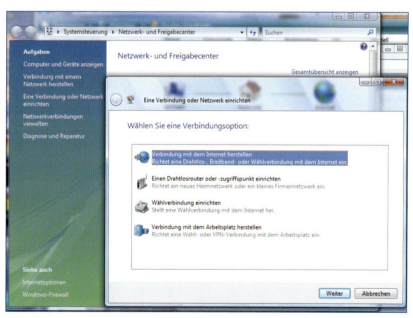

Abb. 5.4 – In den Systemeigenschaften unter *Systemsteuerung/System* im Register *Computername* klicken Sie auf die Schaltfläche *Netzwerkkennung*, um die Arbeitsgruppe des Rechners anzupassen.

5.1 Drucker und Windows-Freigaben einrichten

Im nächsten Schritt tragen Sie sowohl den Namen des Rechners als auch den der Arbeitsgruppe ein. Achten Sie darauf, dass der Name des Computers im Netzwerk eindeutig sein muss sowie möglichst kurz und ohne Umlaute, Sonder- und Leerzeichen. Wenn es mehr als zwei oder drei Rechner sind, bietet sich eine Hersteller- und Typkennung (HP-Notebook, Aldi_Desktop o. Ä.) an, diese verstehen auch andere Mitglieder der Arbeitsgruppe.

Nach dem Neustart ist alles da
Wurde der Computer- und/oder Arbeitsgruppenname geändert,

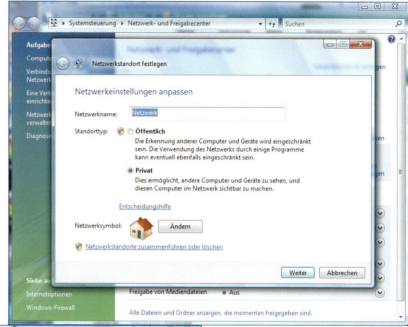

Abb. 5.5 – Für Microsoft ist ein Heimnetz nichts anderes als ein Firmennetz. Im Bereich *Netzwerkstandort festlegen* können Sie auf Wunsch einen aussagekräftigeren Namen als *Netzwerk* vergeben.

braucht Windows einen Neustart, damit die Änderungen aktiv werden. Erst dann sind andere Rechner in der Netzwerkumgebung sichtbar. Öffnen Sie nun den *Arbeitsplatz* und gehen Sie auf *Netzwerk*.

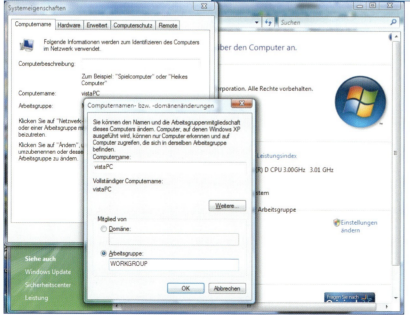

Abb. 5.6 – Wie soll der Computername lauten? Öffnen Sie einfach die *Systemsteuerung* und tragen Sie einen Namen ein. Für die Arbeitsgruppe gelten besondere Spielregeln.

5.1 Drucker und Windows-Freigaben einrichten

Dort sind verschiedene Netzwerkdienste gelistet, für Sie in Ihrem Heimnetz kommt nur das *Microsoft Windows-Netzwerk* infrage.

Ein Microsoft Windows-Netzwerk unterstützt mehrere Netzwerkdomänen und Arbeitsgruppen. So können Sie gleichzeitig auf mehrere unterschiedliche Rechner und Netzwerke zugreifen. In Ihrem Fall ist in dem Microsoft Windows-Netzwerk nur die von Ihnen eingerichtete Arbeitsgruppe zu sehen. *WORKGROUP* beherbergt die Clients im Heimnetz.

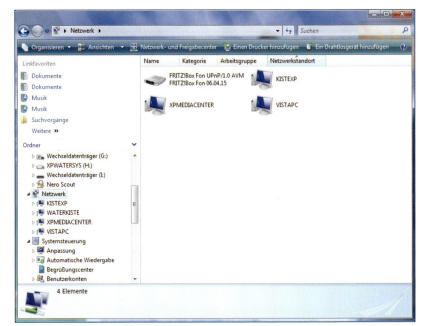

Abb. 5.7 – Sämtliche Clients in der Arbeitsgruppe sind im *Microsoft Windows-Netzwerk* versteckt.

Zugriff auf Netzwerkfreigaben
Mit einem Doppelklick wählen Sie die eingerichtete Arbeitsgruppe aus. Nun sollten Sie sämtliche Mitglieder, also Rechner, der Arbeitsgruppe *WORKGROUP* übersichtlich aufgelistet sehen. Klicken Sie auf den Name(n) eines Rechners – ab-

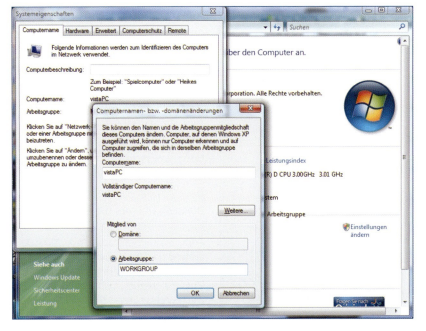

Abb. 5.8 – Die Microsoft Windows-Netzwerk-eigene Arbeitsgruppe ändern Sie in diesem Dialog. Hier ist als Beispiel der Name *WORKGROUP* für die Arbeitsgruppe konfiguriert.

5.1 Drucker und Windows-Freigaben einrichten

hängig vom Betriebssystem erscheint hier noch eine Sicherheitsabfrage, in der Sie einen Benutzernamen und ein Passwort für den entsprechenden Rechner bzw. die Freigabe eingeben müssen. Deshalb ist es wichtig, dass die Anmeldenamen auf den verschiedenen Rechnern Ihres Netzwerks identisch sind: Ein Zugriff erfolgt immer als aktueller Benutzer. Und heißt dieser anders als die auf diesem Rechner vorhandenen, gibt es eine Fehlermeldung.

Bei Windows XP und Vista erscheinen die freigegebenen Netzwerkressourcen, beispielsweise

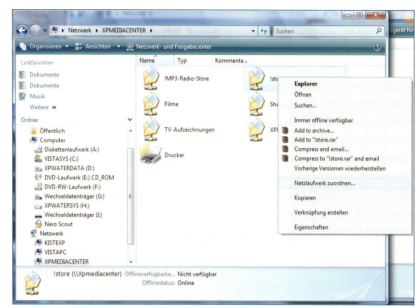

Abb. 5.9 – In der Netzwerkansicht können Sie auch freigegebene Verzeichnisse als Laufwerk verbinden, indem Sie mit der rechten Maustaste im Kontextmenü *Netzwerklaufwerk zuordnen* auswählen.

Verzeichnisse, Laufwerke, Drucker und so weiter. Ist hier nichts zu sehen, sind in dieser Arbeitsgruppe auch keine Ressourcen freigegeben.

Um eine Freigabe unter Windows Vista einzurichten, gehen Sie

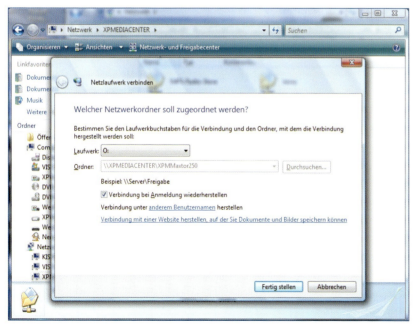

Abb. 5.10 – Versteckter Link für einen anderen Benutzernamen. Abhängig vom verwendeten Benutzer sind unter Umständen zusätzlich Benutzerkennung und Passwort notwendig, um auf die Freigabe zugreifen zu können.

5.1 Drucker und Windows-Freigaben einrichten

einfach im Explorer zu dem entsprechenden Verzeichnis und wählen im Kontextmenü der rechten Maustaste *Freigabe* aus.

Datei- und Ordnerfreigaben unter Windows Vista
Für das Erstellen einer Datei- oder Ordnerfreigabe unter Windows Vista ist die ordnungsgemäße Installation und Konfiguration der Netzwerkschnittstelle wie bereits beschrieben Grundvoraussetzung. Anschließend öffnen Sie den Explorer und wählen einen Ordner aus, der für andere Benutzer im Netzwerk freigegeben werden soll.

1. Klicken Sie mit der rechten Maustaste auf diesen Ordner und wählen Sie im Kontextmenü *Freigabe* aus. Nun erscheint ein Dialog, in dem Sie den Zugriff auf den Ordner einrichten können.
2. Anschließend ist die eingerichtete Ordnerfreigabe aktiv. Der für den Zugriff eingerichtete Benutzer kann nun von einem anderen PC im Netzwerk auf die ein-

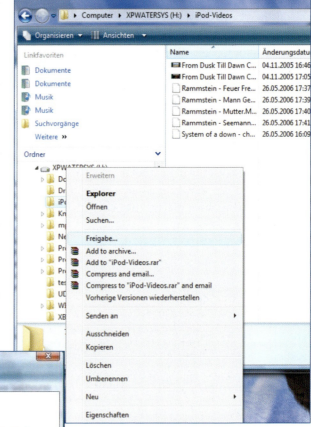

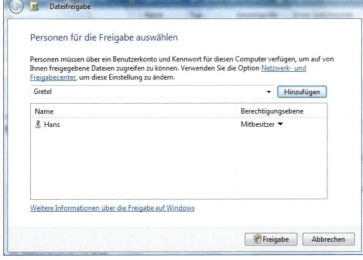

Abb. 5.11 – Bei Windows XP und Vista bekommen Sie durch einen Klick mit der rechten Maustaste ein Kontextmenü *Freigabe* (bei XP *Freigabe und Sicherheit*) angezeigt, mit dem Sie Laufwerke für andere Benutzer freischalten können.

Abb. 5.12 – Möchten Sie einer weiteren Person (hier: Gretel) den Zugriff auf eine Freigabe gewähren, tragen Sie den Namen ein und klicken auf die Schaltfläche *Hinzufügen*.

5.1 Drucker und Windows-Freigaben einrichten

gerichtete Freigabe zugreifen, vorausgesetzt, der Name und das Passwort sind in der Benutzerverwaltung eingerichtet.

3. Das Entfernen einer eingerichteten Freigabe sowie eine nachträgliche Änderung erfolgt analog. Hier wählen Sie den entsprechenden Ordner im Explorer aus und wählen entweder im Kontextmenü *Freigabe* oder besser *Eigenschaften* aus. Im Register *Freigabe* erhalten Sie per Klick auf *Erweiterte Freigabe* Einblick darüber, wer auf den Ordner zugreifen darf und welche Rechte bzw. Berechtigungen für die unterschiedlichen Benutzer eingerichtet wurden.

4. Möchten Sie eine erstellte Freigabe entfernen, nehmen Sie im Dialog *Erweiterte Freigabe* das Häkchen bei *Diesen Ordner freigeben* heraus. Anschließend

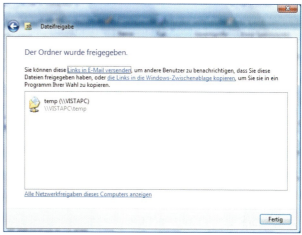

Abb. 5.13 – Per Klick auf die Schaltfläche *Fertig* schließen Sie die Dateifreigabe ab.

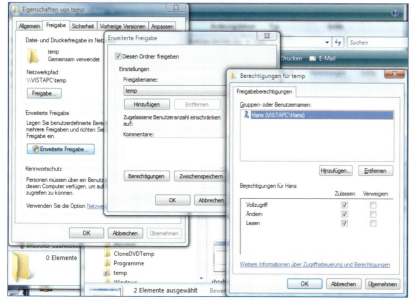

Abb. 5.14 – Über *Berechtigungen* können Sie den Zugriff auf einen Ordner beispielsweise auf *Lesen* ändern, falls der Ordnerinhalt über das Netzwerk nicht geändert werden soll.

ist der Zugriff über das Netzwerk nicht mehr möglich.

Mithilfe solcher Strukturen bzw. passender Rechtevergaben können Sie die Daten im Netz getrost freigeben. Sinnvoll ist dafür aber eine vernünftige Ordnerstruktur, damit Sie gezielt Zugriff auf einzelne Ordner haben. Wenn Sie alle Ihre Briefe nur in *Eigene Dateien* speichern und dann diesen Ordner freigeben, helfen Ihnen ausgefuchste Rechte kaum noch, denn dann ist auf alles zuzugreifen. Mit entsprechenden Unterordnern können Sie aber Korrespondenz, Bilder o. Ä. perfekt trennen. Der Zugriff sollte so gewählt werden, dass bei Bildern

5.1 Drucker und Windows-Freigaben einrichten

oder Dokumenten grundsätzlich nur Lesezugriff gewährt wird.

Netz unter Druck: Drucker freigeben

Neben der Datei- und Druckerfreigabe ist die gemeinsame Nutzung eines Druckers wie geschaffen für ein Heimnetzwerk. Grundvoraussetzung dafür ist bei Windows Vista die Freigabe des Druckers im Bereich *Netzwerk- und Freigabecenter*, der sich über die *Systemsteuerung* öffnen lässt.

Abb. 5.15 – Im Bereich *Freigabe und Erkennung* schalten Sie zunächst die Freigabe von Druckern an. Dafür klicken Sie auf die Option *Druckerfreigabe einschalten*.

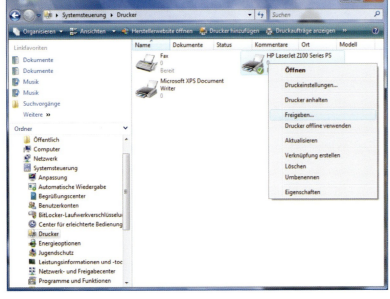

Abb. 5.16 – Über *Freigeben* gestatten Sie anderen Rechnern im Netzwerk, den lokal angeschlossenen Drucker nutzen zu dürfen.

5.1 Drucker und Windows-Freigaben einrichten

1. Wer seinen am PC lokal angeschlossenen Drucker für andere Rechner im Heimnetzwerk freigeben möchte, der geht an dem Rechner, an dem der Drucker angeschlossen ist, abermals in die *Systemsteuerung*. Dort wählen Sie bei *Drucker und Faxgeräte* den installierten Standarddrucker aus. Im Kontextmenü des Druckers wählen Sie den Eintrag *Freigeben*.
2. Klicken Sie nun auf die Option *Drucker freigeben* und ändern Sie, falls gewünscht, im Feld *Freigabename* den von Vista vorgeschlagenen Namen für den Netzwerkdrucker, unter dem dieser im Netzwerk verfügbar sein soll. Mit einem Klick auf die Schaltfläche *OK* bzw. *Übernehmen* machen Sie die Einstellungen scharf.

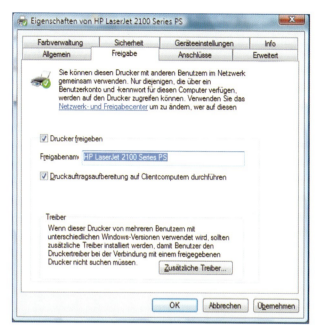

Abb. 5.17 – Im Register *Freigabe* können Sie den Drucker für andere Benutzer im Netzwerk freigeben. Der *Freigabename* für den Drucker wird von Windows Vista automatisch vorgeschlagen und kann nach Wunsch angepasst werden.

5.2 Datenkarussell: vom Notebook zum PC und zurück

Sie können Informationen aus einem Computer unterwegs überallhin mitnehmen, indem Sie sie mit Ihrem Notebook synchronisieren. Das gilt natürlich auch für den umgekehrten Weg: vom Notebook auf den PC. Insbesonders mit Windows Vista ist eine unkomplizierte Datensynchronisation möglich, da Vista speziell für Notebooks ein Werkzeug mitbringt, das sich vom Funktionsumfang her für die meisten Zwecke ideal eignet.

Sie gelangen entweder über das *Windows-Mobilitätscenter* (per Klick auf die Schaltfläche *Synchronisierung*) oder über die Option *Synchronisierungscenter* im Bereich *Mobil-PC* der *Systemsteuerung* zu den Synchronisierungseinstellungen des Notebooks. Hier lässt sich gezielt festlegen, welche Daten auf dem Notebook mit dem PC abgeglichen und synchronisiert werden sollen.

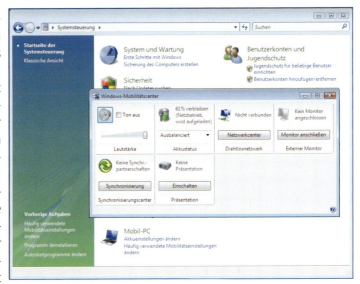

Abb. 5.18 – Voller Überblick: Klicken Sie in der *Systemsteuerung* im Bereich *Mobil-PC* auf den Link *Häufig verwendete Mobilitätseinstellungen ändern*.

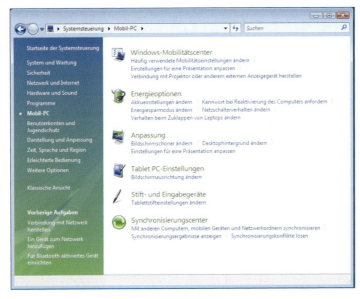

Grundsätzlich muss erst eine sogenannte Partnerschaft zwischen dem Notebook und dem Computer eingerichtet werden, bevor Sie Informationen über das Netzwerk synchronisieren können.

**Notebook mit PC verkuppeln:
Partnerschaft anlegen**

Grundvoraussetzung dafür ist weiterhin, dass sich sowohl das Notebook als auch der PC im gleichen Netz befinden und sich gegenseitig über die Netzwerkumgebung erreichen können. Am einfachsten funktioniert dies über eine

Abb. 5.19 – Über das *Synchronisierungscenter* lässt sich in wenigen Augenblicken eine Partnerschaft zwischen Notebook und PC einrichten.

5.2 Datenkarussell: vom Notebook zum PC und zurück

Freigabe, wie bereits im Abschnitt „5.1 Drucker und Windows-Freigaben einrichten" ab Seite 119 beschrieben.

Anschließend legen Sie eine neue Partnerschaft an. Dies kann entweder per Klick auf *Einrichten* (über der Spalte *Name*) oder auf den Link *Synchronisierungs-Partnerschaften einrichten* im linken Bereich des Dialogfensters geschehen.

Die Synchronisierung zwischen Notebook und Netzwerkfreigabe erfolgt über sogenannte Offlinedateien. Hier wählen Sie über den Windows-Explorer beliebige Verzeichnisse auf dem PC aus, die auch auf dem Notebook verfügbar sein sollen.

Daten synchronisieren über Offlinedateien
Wer zum ersten Mal mit der Synchronisierung unter Vista befasst ist, der klickt intuitiv im *Synchronisierungs-Setup* auf die Schaltfläche *Offlinedateien*. Hier lässt sich jedoch kein Verzeichnis auswählen, dafür sorgt jedoch das Hinweisfenster für Klarheit.

Wählen Sie über die *Netzwerkumgebung* das zu synchronisierende Netzwerklaufwerk oder den entsprechenden Ordner aus und aktivieren Sie im Kontextmenü der rechten Maustaste die Option *Immer offline verfügbar*.

Das als „Offlinedatei" markierte Verzeichnis ist nun in der Synchronisierungspartnerschaft gelistet. Nach Wunsch können Sie wei-

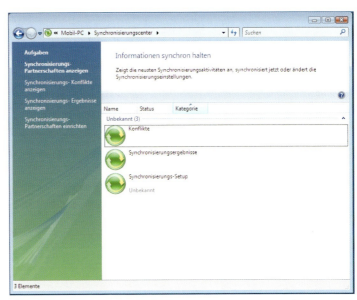

Abb. 5.20 – Um eine Partnerschaft zu einem PC einzurichten, klicken Sie auf *Synchronisierungs-Setup*.

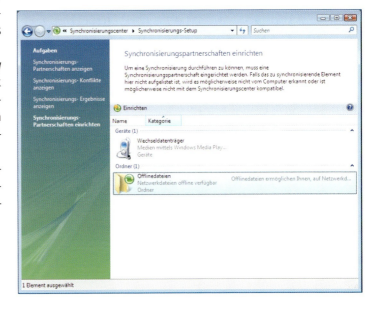

Abb. 5.21 – Unbedingt einrichten – wer Daten von Notebook und PC auf dem gleichen Stand halten möchte, der legt in diesem Dialog eine neue Partnerschaft an.

5.2 Datenkarussell: vom Notebook zum PC und zurück

tere Ordner über die Offlinefunktionalität der rechten Maustaste hinzufügen.

Wer zu faul ist, manuell die notwendigen Synchronisierungen häufig durchzuführen, kann dies auch von Vista automatisch erledigen lassen. Nach Wunsch lässt sich bei jeder Offlinedatei per Klick auf *Zeitplan* gezielt festlegen, wann (nach Zeitplan) bzw. bei welchem Ereignis (über ein Ereignis oder einen Vorgang) eine automatische Synchronisation erfolgen soll. In diesem Fall bleibt das Notebook jederzeit auf dem neuesten Stand.

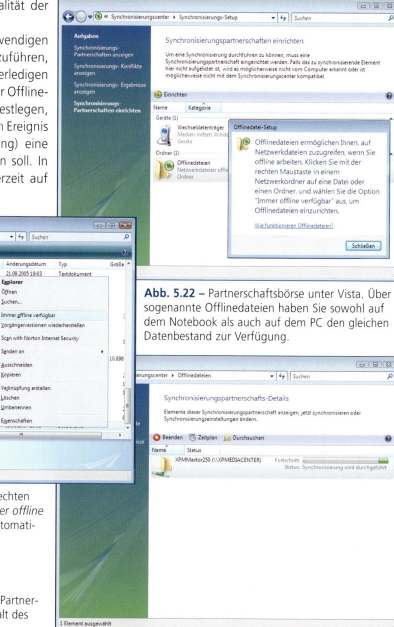

Abb. 5.22 – Partnerschaftsbörse unter Vista. Über sogenannte Offlinedateien haben Sie sowohl auf dem Notebook als auch auf dem PC den gleichen Datenbestand zur Verfügung.

Abb. 5.23 – Über das Kontextmenü der rechten Maustaste fügen Sie über die Option *Immer offline verfügbar* die gewünschte Freigabe zur automatischen Synchronisation hinzu.

Abb. 5.24 – Ist die Windows-Freigabe als Partnerschaft eingerichtet, wird zunächst der Inhalt des Ordners mit dem Notebook synchronisiert.

6 WLAN und UMTS – drahtlos unterwegs

Bluetooth, WLAN, UMTS, kabellose Netzwerke, die per Funk Daten übertragen, sind in aller Munde und in vielen Haushalten im Einsatz, Kabellosigkeit hat man schon beim schnurlosen Telefon als Komfort schätzen gelernt. Beim Computer mag man die kabellose Nutzung eines Notebooks zum Surfen im Internet oder für den Mailabruf vom Sofa. WLANs sind im Privatbereich außerdem praktisch, weil der Computer nicht immer in der Nähe des Telefonanschlusses steht, Kabel also unvermeidlich sind. Kaum ein DSL-Zugang wird daher heute noch ohne die notwendigen Komponenten für den Aufbau eines Drahtlosnetzwerks angeboten.

So ein WLAN-Funknetz kann viele Vorteile bieten. Im Netzwerk können Sie Verbindung zu anderen Rechnern und sonstigen Geräten wie Drucker, Videoserver etc. durch Wände und eingeschränkt auch über mehrere Etagen aufbauen, ohne Kabel legen zu

6 WLAN und UMTS – drahtlos unterwegs

müssen. Außerdem ermöglicht dieses Netzwerk, mit einem Drucker mehrere Rechner zu versorgen, vom Sofa aus auf Mails und Daten zuzugreifen oder MP3s vom PC in der ganzen Wohnung zu hören.

Derzeit gibt es für WLAN im Wesentlichen zwei unterschiedliche Standards. Je nachdem, welche WLAN-Steckkarte Sie nutzen, sendet diese im 2,4-GHz- oder im 5-GHz-Funkbereich. Die Funkleistung von 2,4 GHz ist mittlerweile veraltet, da es nur 11 MBit/s übertragen kann. Das moderne 5-GHz-Funknetz schafft per Standard 54 MBit/s. Firmenspezifische Lösungen bieten bei gleicher Funkleistung schon das Doppelte, diese Technik ist jedoch nicht standardisiert und macht somit spezielle aufeinander abgestimmte Komponenten notwendig. Damit kommen Sie problemlos durch dicke Wände in der Wohnung oder im Haus, und im Freien kann die Reichweite um die 100 Meter für eine Funkübertragung betragen. Mit ein wenig Aufwand, also mit speziellen Antennen (ab 50 Euro), lässt sich die Reichweite bei freier Sicht auf einige 100 Meter und mit speziellen Richtantennen sogar auf bis zu zwei Kilometer erhöhen.

Ein WLAN lässt sich wahlweise im sogenannten Ad-hoc-Modus oder im sogenannten Infrastrukturmodus betreiben. Im Ad-hoc-Modus kommunizieren die Stationen, also die Rechner, direkt miteinander (vgl. PC-Direktverbindung). Ad-hoc-Verbindungen sind hier quasi Point-to-Point-Verbindungen, von denen aber jede Station mehrere haben kann, ein Vorteil des Funknetzes. Der Ad-hoc-Modus ist für Anwender geeignet, die kein großes Funknetz aufbauen möchten, sondern nur schnell zwei WLAN-Geräte miteinander verbinden wollen.

Der Infrastrukturmodus braucht stattdessen einen sogenannten Access Point, über den die WLAN-Komponenten kommunizieren und auch auf das kabelgebundene Netz wie Internet etc. zugreifen können. Access-Point-Technik liefern alle WLAN-Router, die Sie im Handel kaufen können. So macht ein Access Point nichts anderes, als die Daten zwischen WLAN und LAN hin- und herzuschieben, und stellt somit eine Sende- und Empfangseinheit dar. Für das Netzwerk zu Hause nutzen Sie einen DSL-fähigen WLAN-Router, mit dem Sie alle Räume der Wohnung mit Internet versorgen können, ohne in jeden einzelnen Raum Löcher durch die Wand bohren zu müssen.

Inzwischen bringt beinahe jedes Notebook grundsätzlich einen eingebauten WLAN-Anschluss mit. Zudem ist das auch unheimlich praktisch, denn nicht nur auf dem Sofa oder im Garten, sondern auch im Urlaub im Hotel sind Funknetze plötzlich fast flächendeckend vorhanden. Allerdings steigt mit zunehmender Funknetzdichte auch das notwendige Know-how, um das Netz clever abzusichern. Heutzutage ist das aber bei modernen Notebooks und mit Windows Vista kein Problem mehr, denn beide beherrschen auch die neueste Verschlüsselungstechnologie (WPA2).

Kritischer wird es, wenn Sie ein älteres Notebook integrieren möchten. Da kann es auf eine reine WEP-Lösung mit geringerer Sicherheit hinauslaufen. In dieser Installationsanleitung für ein sicheres WLAN wird davon ausgegangen, dass Sie den WLAN-Netzwerkadapter für eine Verbindung zu einem WLAN-Access-Point, also einem WLAN-Router, verwenden wollen. Eine Konfiguration für eine direkte Verbindung zu einem anderen WLAN-Gerät im sogenannten Ad-hoc-Modus läuft ähnlich ab. Hier ist nicht der Router, sondern ein anderer PC mit WLAN-Karte oder ein anderes Notebook der Kommunikationspartner.

6.1 Überblick: WLAN-Router sicher konfigurieren

Aus Sicherheitsgründen und als Schutz vor Schwarzsurfern sollten Sie unbedingt sämtliche Sicherheitsmechanismen nutzen, die verfügbar sind. Dafür haben Sie den WLAN-Router möglichst sicher konfiguriert. Für Schnelle, die eine Checkliste brauchen: Sämtliche sicherheitsrelevanten Einstellungen für WLAN-Router im Schnellüberblick bietet die Tabelle.

Ist der WLAN-Router konfiguriert, können Sie die WLAN-Karte für das Notebook oder den einen USB-Stick mit WLAN-Funktion installieren.

Sicherheitsmerkmal	Beschreibung
MAC-Adresse einrichten	Standardmäßig wird jedem drahtlosen PC, der mit einer korrekten SSID, der passenden Verschlüsselung und dem richtigen Netzwerkschlüssel kommt, Zugang zu Ihrem drahtlosen Netzwerk gewährt. Jeder Router bietet jedoch eine MAC-Adressfilterung, bei der PCs basierend auf ihren MAC-Adressen eine Verbindung zum Router aufbauen dürfen oder auch nicht. Sämtliche drahtlosen Clients müssen zudem über die korrekten SSID- und WEP- bzw. WPA-Einstellungen verfügen, die in den Wireless-Einstellungen konfiguriert werden, um auch das WLAN nutzen zu können.
DHCP ausschalten und feste IP-Adressen zuweisen	Der Router ist standardmäßig als DHCP-Server (Dynamic Host Configuration Protocol) konfiguriert, wodurch die TCP/IP-Konfiguration aller an den Router angeschlossenen Computer festgelegt ist. Schalten Sie DHCP aus und vergeben Sie feste IP-Adressen, muss ein Angreifer mit Mühe und Not per Zufall eine verwendete IP-Adresse herausfinden. Der Nachteil: ein etwas höherer Konfigurationsaufwand beim WLAN-PC.
WEP-/WPA-PSK-/WPA2-Verschlüsselung nutzen	Das A und O: Nutzen Sie die sicherste Verschlüsselung (derzeit WPA2) über das Funknetz, auch wenn es etwas Zusatzaufwand bei der Installation darstellt. Allerdings müssen alle Geräte diesen Standard unterstützen.
Router bei Nichtgebrauch ausschalten	Nicht nur gut für die Umwelt und den Geldbeutel, sondern auch für die Sicherheit des Heimnetzes. Gehen Sie zu Bett oder außer Haus, schalten Sie den WLAN-Router aus. Wenn Sie den Router auch als Telefonanlage (Fritz!Box) nutzen, sollten Sie auf die Abschaltung verzichten.
Passwörter und Key regelmäßig ändern	Jede Verschlüsselung ist früher oder später knackbar. Deshalb ändern Sie regelmäßig die Passwörter sowie WEP-Schlüssel sowohl im Router als auch am WLAN-PC. Bei WPA2 können Sie nach dem derzeitigen Stand wohl darauf verzichten.
Router-Standardpasswort ändern	Besonders wichtig: Kennt ein Angreifer das Passwort des WLAN-Routers, kann er machen, was er will. Deswegen sollten Sie umgehend nach der Konfiguration das Router-Passwort ändern.
Router-Firmware regelmäßig checken	Kein Produkt ist perfekt, und Sicherheitslücken kommen bei jedem Hersteller vor. Bessere Hersteller bieten hier eine neue Firmware, um Sicherheitslöcher zu stopfen und dem Router neue Funktionalitäten einzuhauchen.

6.1 Überblick: WLAN-Router sicher konfigurieren

Sicherheitsmerkmal	Beschreibung
Protokollierung aktivieren und Protokolle auswerten	Zum Nachschauen; zwar lästig und zeitraubend, aber unheimlich hilfreich bei der Suche nach Fehlern und Problemlösungen. Hier spüren Sie Rechner im Netzwerk auf, die mit fremder MAC-Adresse unterwegs sind.
Nicht benötigte Dienste und Webseiten aktivieren	Weniger ist mehr: Je mehr Dienste und Ports nach außen – also im Internet – zur Verfügung stehen, desto größer ist die Angriffsfläche. Aktivieren Sie also nur Dienste wie HTTP, FTP, Mail etc., die wirklich notwendig sind.
Firewall und Portsecurity aktivieren	Ohne aktivierte Firewall sollte niemand mehr in das Internet gehen. Zu groß ist die Gefahr, Opfer eines Angriffs zu werden. Jeder vernünftige DSL-WLAN-Router bringt eine mit – aktivieren Sie diese auch!
Wireless-Zugriffsliste einrichten	Standardmäßig wird jedem drahtlosen PC, der mit einem korrekten Service Set Identifier (SSID), dem passenden Verschlüsselungsstandard sowie dem richtigen Schlüssel konfiguriert ist, Zugang zu Ihrem drahtlosen Netzwerk gewährt. Erhöhte Sicherheit können Sie erzielen, indem Sie den Zugang zum drahtlosen Netzwerk auf bestimmte PCs beschränken, auf Grundlage ihrer MAC-Adressen. Klicken Sie im Menü Wireless-Konfiguration auf Zugriffsliste konfigurieren, um das Menü Wireless-Zugriffsliste anzuzeigen.
SSID-Rundumsendung ausschalten (SSID-Broadcast deaktivieren)	Wenn diese Option aktiviert ist, sendet der Wireless-Router seinen Netzwerknamen (SSID, Service Set Identifier) an alle Wireless-Stationen.
Ping am Internet-Port ausschalten	Wenn Sie wollen, dass der Router auf einen Ping aus dem Internet reagiert, deaktivieren Sie, falls vorhanden, diese Option. Dies kann als Diagnosewerkzeug verwendet werden. Sie sollten diese Option deshalb nur aktivieren, wenn Sie einen Grund dazu haben.
Sichere LAN-IP-Adresse verwenden	Für die IP-Adresse des WLAN-Routers nutzen Sie eine IP-Adresse aus dem privaten Netzwerkbereich 192.168.x.x. Beim Einsatz einer öffentlichen IP-Adresse kommt es sonst zu Problemen bei der Netzwerkverbindung.
Remote-Zugriff ausschalten	Die Router-Fernsteuerung ist nur in Unternehmen u. Ä.. sinnvoll. Der Router kommt zu Hause zum Einsatz und sollte auch dort konfiguriert werden. Deshalb, falls vorhanden, ausschalten!
SSID ändern	Ein sicherer SSID-Name besteht aus einer zufälligen Reihenfolge von Zahlen und Buchstaben, gemischt mit Groß- und Kleinbuchstaben.
Passenden Wireless-Modus wählen	Das Zufallsprinzip sorgt für Sicherheit: Abhängig von der genutzten WLAN-Karte können Sie den Router so konfigurieren, dass er nur ein ganz bestimmtes Übertragungsprotokoll nutzt, was natürlich zu Ihren WLAN-Netzwerkkarte(n) passt. So können Sie abhängig vom Routermodell beispielsweise den WLAN-Zugriff auf 802.11g-konforme WLAN-Geräte beschränken. Aufgrund der Kartenvielfalt muss der potenzielle Angreifer schon zufällig eine ähnliche Karte einsetzen.

6.2 Zum Einstecken – USB-WLAN-Stick

Wer ein Notebook ohne Centrino-Chipsatz oder ein Modell mit einem älteren WLAN-Chip schnell und einfach per WLAN mit dem Netzwerk verbinden möchte, der kann mit einem USB-WLAN-Stick ganz einfach nachrüsten. Die gängigsten Geräte sind nur so groß wie ein USB-Speicherstick und sogar 802.11g-kompatibel. Mit ihnen ist ein Datendurchsatz von bis zu 54 MBit möglich, was auch für fast alles ausreicht. Moderne USB-Sticks unterstützen herstellerspezifische Standards, mit denen noch höhere Datenübertragungsraten möglich sind – hier muss allerdings der WLAN-Router dieselbe Technologie mitbringen. Der USB-WLAN-Stick ist ebenfalls ideal, um einen Desktop-PC in ein WLAN zu integrieren. Der Stick ist zwar etwas teurer als eine Steckkarte, erspart aber das Öffnen samt Einbau und ist viel flexibler nutzbar.

Der WLAN-Stick kann wie eine WLAN-Karte eine Reichweite von bis zu 100 Metern erreichen. Auf der Oberseite des Sticks sind zwei LEDs untergebracht, die über die Spannungsversorgung und eine funktionierende WLAN-Verbindung informieren. Egal ob WLAN-Stick, PCMCIA-Karte oder im Notebook eingebauter WLAN-Chip – bevor eine Netzwerkverbindung hergestellt werden kann, muss der Treiber ordnungsgemäß installiert sein.

Abb. 6.1 – Alternativ kann der USB-Stick auch an ein USB-Kabel angeschlossen werden, um mit dem Notebook besser hantieren zu können. (Foto: AVM)

6.3 Mit dem Notebook im drahtlosen Netzwerk

Die Konfiguration eines WLAN ist unter Windows Vista im Nu erledigt. Öffnen Sie die *Systemsteuerung* und wechseln Sie in den Bereich *Netzwerk und Internet*. Dort lassen sich nicht nur „normale" LAN-Verbindungen, sondern auch die drahtlosen Netzwerke konfigurieren, zu denen WLAN-Verbindungen bei Windows Vista zählen.

1. Klicken Sie hier im linken Bereich auf den Link *Drahtlose Netzwerke verwalten* und wählen Sie im nachfolgenden Dialog die Schaltfläche *Hinzufügen*, um ein neues Netzwerk zur Windows-

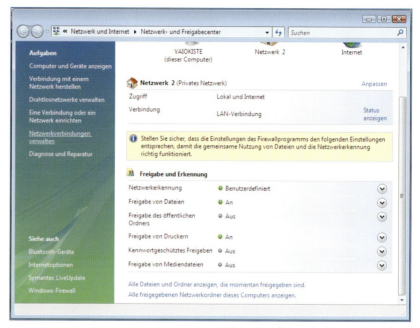

Abb. 6.2 – Übersichtlich: Im Bereich *Netzwerk und Internet* lässt sich alles rund um das Netzwerk konfigurieren.

Netzwerkkonfiguration hinzuzufügen. Anschließend öffnet sich ein Konfigurationsassistent, mit dessen Hilfe Sie die Verbindung zu Ihrem WLAN-Router herstellen.

2. Im nächsten Schritt scannt Windows die nähere Umgebung nach verfügbaren Netzwerken ab. Je nachdem, wo Sie wohnen, wird hier nur eines (Ihr

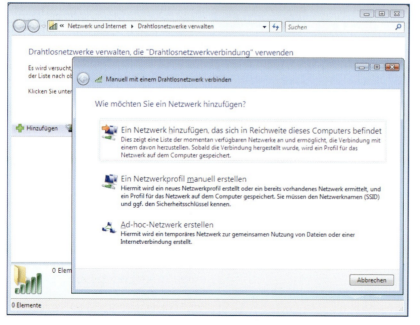

Abb. 6.3 – Hier ist die erste Option die bevorzugte Wahl, um eine Verbindung zum heimischen WLAN-Netzwerk herzustellen.

6.3 Mit dem Notebook im drahtlosen Netzwerk

WLAN-Router) oder auch viele verfügbare WLAN-Netzwerke angezeigt, falls Sie in einer dicht besiedelten Wohngegend zu Hause sind. Haben Sie Ihr WLAN gefunden, markieren Sie es in der Liste und klicken auf die Schaltfläche *Verbindung herstellen*.

Verbindung aufnehmen
Ist der WLAN-Router frisch ausgepackt und nicht konfiguriert, ist er unter Umständen offen wie ein Scheunentor. In diesem Fall wird er als *Ungesichertes Netzwerk* in der Liste der verfügbaren Netzwerke angezeigt. Zu Testzwecken können Sie für einen kurzen Moment eine

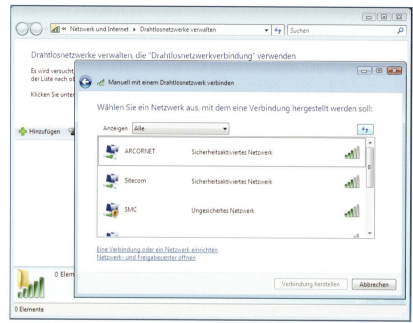

Abb. 6.4 – Markieren Sie in der Liste der gefundenen Netzwerke Ihr WLAN, das Sie am SSID-Namen erkennen.

Verbindung zu einem ungesicherten WLAN-Netz aufbauen. Auf Dauer empfiehlt es sich unbedingt, den WLAN-Router und die Verbindung so sicher wie möglich zu konfigurieren.

Anschließend können Sie den Verbindungsassistenten schließen.

Abb. 6.5 – Ungesichertes Netzwerk: Per Klick auf *Trotzdem verbinden* stellen Sie eine Verbindung via WLAN zum Router her.

6.3 Mit dem Notebook im drahtlosen Netzwerk

WEP/WPA/WPA2 einstellen: WLAN-Sicherheitseinstellungen scharf machen

Viele WLAN-Router stehen sperrangelweit offen. So können beispielsweise Nachbarn umsonst mitsurfen, wenn der WLAN-Router nicht gesichert ist, und sich aus dem Internet ziehen, was sie möchten. Damit können dem ehrlichen Kunden nicht nur möglicherweise

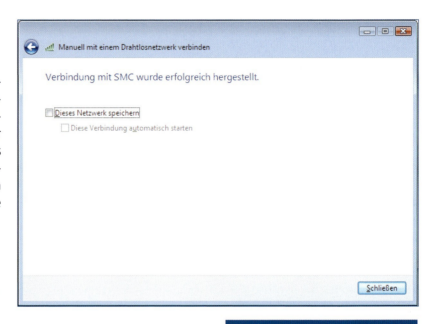

Abb. 6.6 – Die konfigurierte Verbindung zum Netzwerk lässt sich hier speichern, bevor Sie per Klick auf *Schließen* den Verbindungsassistenten beenden.

WLAN immer verschlüsseln

Haben Sie in Ihrem DSL-WLAN-Router keine Verschlüsselungs- und Sicherheitsmechanismen aktiviert, können Sie das verfügbare Netzwerk sofort nutzen. Das ist jedoch aus Sicherheitsgründen nicht zu empfehlen. Deshalb in aller Deutlichkeit: Ein heimisches WLAN ist immer mit aktivierter Verschlüsselung zu betreiben.

Abb. 6.7 – Haben Sie die SSID-Rundumsendung bei Ihrem WLAN-Router deaktiviert, ist dieser in dieser Liste nicht sichtbar. In diesem Fall klicken Sie auf den Link *Eine Verbindung oder ein Netzwerk einrichten*, um dennoch eine WLAN-Verbindung herzustellen.

6.3 Mit dem Notebook im drahtlosen Netzwerk

Drahtloses Ad-hoc-Netzwerk

Nützlich ist beim Einsatz von zwei Notebooks die Möglichkeit, ein drahtloses Ad-hoc-Netzwerk einzurichten. Damit können Sie direkt ohne einen WLAN-Router Daten austauschen.

zusätzliche Kosten, sondern auch Ärger mit der Staatsanwaltschaft bevorstehen, wenn ein Fremder den Zugang für verbotene Aktivitäten wie Filesharing mit urheberrechtlich geschützten Daten oder gar Kinderpornos nutzt. Außerdem stehen so auch der eigene Rechner sowie das heimische Netzwerk offen wie ein Scheunentor. In all diesen Fällen ist die im DSL-Router integrierte Firewall machtlos, da der Zugang quasi via WLAN-Karte aus dem eigenen Netz erfolgt.

Selbst wenn Sie die Rundumsendung der SSID nicht deaktivieren, ist zwar zu sehen, dass ein WLAN zur Verfügung steht, es muss jedoch ein Passwort angegeben werden, um sich mit dem WLAN-Router verbinden zu können. Ohne Rundumsendung sehen Sie das Netz nicht einmal. Ist die Verschlüsselung aktiviert, ist der Grundstein gelegt, damit keine Fremden über Ihren WLAN-Router Unfug anstellen können.

SSID

Dort geben Sie den Namen des drahtlosen Netzwerks ein. Diese SSID (Service Set Identifier) haben Sie bereits bei der Konfiguration des WLAN-Routers festgelegt. Ist die SSID-Rundumsendung deaktiviert, muss die Schreibweise exakt mit diesem konfigurierten SSID-Namen übereinstimmen, da sonst die WLAN-Karte den DSL-WLAN-Router nicht finden kann.

Klappt es nicht auf Anhieb, können Sie auch testweise die SSID-Rundumsendung für die Erstinstallation der WLAN-Karte einschalten, um zu testen, ob das eingerichtete WLAN überhaupt in Ihrer Umgebung sichtbar ist. Aus Sicherheitsgründen haben Sie bereits bei der WLAN-Router-Konfiguration einen persönlichen, möglichst komplizierten Namen festgelegt. Den Standardnamen

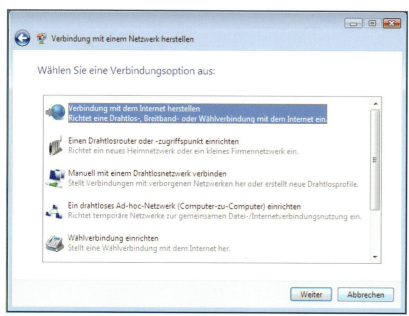

Abb. 6.8 – Ist die WLAN-Router-SSID verborgen, wählen Sie in diesem Dialog die Option *Manuell mit einem Drahtlosnetzwerk verbinden*.

6.3 Mit dem Notebook im drahtlosen Netzwerk

wie FRITZBOX, WLAN, NETGEAR, ROUTER etc. des Hardwareherstellers haben Sie ja bei der Router-Konfiguration bereits geändert.

WEP und WPA
Besonders wichtig für die Datensicherheit ist die Datenverschlüsselung. Damit sich beispielsweise der Nachbar nicht per Funk über den WLAN-Router in das Internet einwählen kann, sollten neben dem Verzicht auf die SSID-Rundumsendung unbedingt die WEP- oder WPA-/WPA2-Sicherheitsoptionen aktiviert werden. Die Standards sind unterschiedlich sicher (WEP ist vergleichsweise unsicher, WPA2 bisher nicht knackbar), ihre Verwendung hängt aber von den genutzten Geräten ab, nur moderne bieten auch WPA2 an. Ältere Geräte können

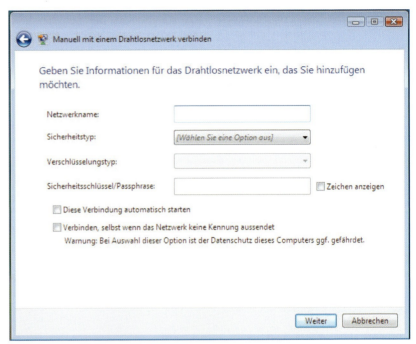

Abb. 6.9 – Zunächst tragen Sie die versteckte WLAN-Router-SSID bei *Netzwerkname* ein.

Abb. 6.10 – Neuere Fritz!Box-Modelle sind ab Werk schon mit einem sicheren WPA2-Schlüssel vorkonfiguriert. Dieser befindet sich auf der Bodenplatte des Geräts.

über USB-Adapter auch zur Unterstützung moderner Standards gebracht werden, entscheidend ist letztlich der Router. Was der nicht beherrscht, können Sie nicht verwenden.

Das am meisten eingesetzte Verfahren zur Verschlüsselung ist bei älteren WLAN-Routern WEP (Wired Equivalent Privacy, übersetzt so viel wie Kabelnetz-äquiva-

6.3 Mit dem Notebook im drahtlosen Netzwerk

lenter Schutz). Beim Einsatz von WEP ist ein sogenannter Netzwerkschlüssel für die Verschlüsselung notwendig. Diesen können Sie bei der Konfiguration des Routers selbst eingeben. WEP ist allerdings problemlos innerhalb einiger Minuten zu knacken. Das sollten Sie wissen. Wenn Sie also nur auf WEP setzen können, weil Ihre Netzwerkgeräte keine andere Verschlüsselungstechnologie unterstützen, sollten Sie regelmäßig, und zwar nicht nur alle paar Monate, den Schlüssel und idealerweise auch die SSID wechseln.

Abhängig von Hersteller und Routermodell sind hier unterschiedliche Schlüssellängen möglich. Im Zweifelsfall nutzen Sie den längsten Schlüssel. Denn je länger der Schlüssel ist, desto sicherer ist auch die Datenübertragung. So sind meist eine 64-Bit-Verschlüsselung, manchmal auch 40 Bit genannt, und eine 128-Bit-Verschlüsselung möglich. Abhängig vom eingesetzten Routermodell stehen weitere verschiedene Optionen zur Verfügung.

WPA2

Ende des Jahres 2004 wurde WPA2, also die 802.11i-Spezifikation für WLANs, festgelegt. Dafür sind in der Regel neue Hardware wie beispielsweise ein WLAN-Router sowie passende WLAN-Karten notwendig. WPA2 verwendet statt des Verschlüsselungsprotokolls RC4 den sichereren Advanced Encryption Standard (AES). Nutzen Sie immer die aktuellste Verschlüsselung. Achten Sie beim Kauf von WLAN-Komponenten auf die WPA2-Kompatibilität, es ist ärgerlich, nur wegen eines Geräts die Sicherheit des gesamten WLAN-Netzes zu schwächen.

Deshalb: Nutzen Sie sämtliche Sicherheitsmechanismen, die der WLAN-Router und die WLAN-Karte bieten. Besonders wichtig ist das beim erstmaligen Einrichten des WLAN-Routers. Hier haben Sie nicht den WLAN-Anschluss, sondern das normale Netzwerkkabel, wie im Abschnitt zur WLAN-Router-Konfiguration beschrieben, verwendet. War die erste Verbindung mit dem WLAN-Router erfolgreich, haben Sie die Sicherheitsmechanismen beim WLAN-Router scharf gemacht. Ist die Verschlüsselung (am besten WPA/TKIP, sonst WPA-PSK und im schlechtesten Fall

Sicherheitsoptionen	Beschreibung
Deaktivieren	Keine Datenverschlüsselung (nicht zu empfehlen).
WEP (Wired Equivalent Privacy)	64-Bit- oder 128-Bit-WEP-Datenverschlüsselung verwenden (nutzen, wenn die übrigen WLAN-Geräte kein WPA-PSK oder WPA2 unterstützen). Wenn WEP aktiviert ist, können Sie die vier Datenschlüssel manuell eingeben oder automatisch erstellen. Diese Werte müssen auf allen PCs und Access Points in Ihrem Netzwerk identisch sein und verwendet werden.
WPA-PSK (Wi-Fi Protected Access Pre-Shared Key)	WPA-PSK-Standardverschlüsselung verwenden (empfohlen). Manche WLAN-Karten unter stützen diese Verschlüsselung nicht. In diesem Fall nutzen Sie 128-Bit-WEP. Auch hier ist ein Verschlüsselungswert erforderlich.
WPA2-AES (Advanced Encryption Standard)	Bieten der Router und die angeschlossenen Geräte WPA2 oder WPA-AES an, sollte aus Sicherheitsgründen diese Verschlüsselung genutzt werden. Dieser Sicherheitsstandard ist derzeit das Maß der Dinge und in Verbindung mit einem nicht erratbaren Schlüsselwert eine sichere Sache.

6.3 Mit dem Notebook im drahtlosen Netzwerk

WEP) im WLAN-Router aktiviert, müssen Sie die WLAN-Karte entsprechend konfigurieren. Dann verlangt der WLAN-Router eine Authentifizierung des angemeldeten Clientrechners.

Anschließend ist das eingerichtete WLAN als unbekanntes Netzwerk zu sehen. Da Sie die SSID-Rundumsendung deaktiviert haben, ist der SSID-Name, in diesem Beispiel *Rummelfliege*, nicht sichtbar.

Klicken Sie nun auf die Schaltfläche *Verbindung herstellen* und

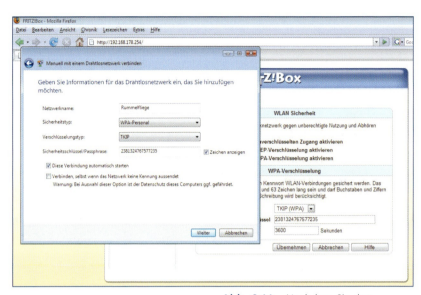

Abb. 6.11 – Nachdem Sie den Netzwerknamen eingetragen haben, wählen Sie das im WLAN-Router genutzte Verschlüsselungsverfahren aus (hier TKIP/WPA) und geben zu guter Letzt den Sicherheitsschlüssel ein, der zunächst über den WLAN-Router festgelegt wurde. Um Tippfehler zu vermeiden, können Sie per Klick auf das Häkchen *Zeichen anzeigen* sich diesen im Klartext anzeigen lassen.

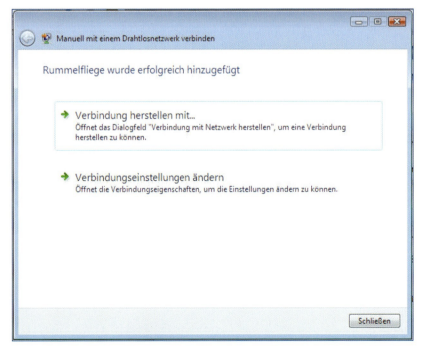

Abb. 6.12 – WLAN-Konfiguration erledigt. Per Klick auf *Verbindung herstellen mit* lässt sich nun eine Verbindung zu dem eingerichteten WLAN herstellen.

6.3 Mit dem Notebook im drahtlosen Netzwerk

geben Sie den SSID-Namen Ihres WLAN-Netzes an. In diesem Beispiel lautet dieser *Rummelfliege*.

Nun ist die Eingabe des Sicherheitsschlüssels notwendig, der wie die SSID im Konfigurationsmenü des WLAN-Routers festgelegt wurde.

Zum Abschluss erscheint eine Erfolgsmeldung: Die Verbindung zum Netzwerk *Rummelfliege* wurde erfolgreich hergestellt.

Um zu prüfen, ob auch alles geklappt hat, öffnen Sie über die *Systemsteuerung* die Übersicht *Netzwerk und Internet*. Hier sollte nun die Verbindung zum WLAN stehen, das hier im nachstehenden Dialog

Abb. 6.13 – Welcher WLAN-Router „der Ihre" ist, lässt sich schon anhand der Signalstärke vermuten. Hier zeigt das Netzwerk mit der Bezeichnung *Unbekanntes Netzwerk* volle Signalstärke an.

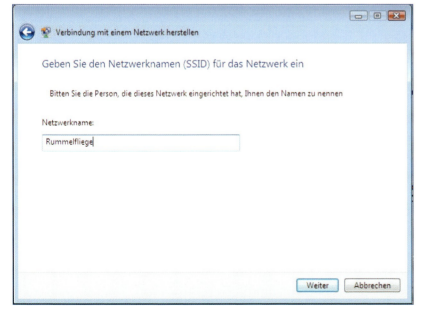

Abb. 6.14 – Ist der SSID-Name des WLAN-Netzes eingetragen, klicken Sie in diesem Dialog auf *Weiter*, um zum nächsten Konfigurationsschritt zu gelangen.

6.3 Mit dem Notebook im drahtlosen Netzwerk

als nicht identifiziertes Netzwerk zu sehen ist.

Damit Sie nun endlich auch in das Internet gehen können, muss zuvor noch die Windows-Firewall wissen, in welcher Netzwerkzone sie sich befindet. Wird eine neue Netzwerkverbindung eingerichtet, startet der Assistent zum Einrichten eines Netzwerkstandorts automatisch nach der Konfiguration des Netzwerks.

Firma, zu Hause oder öffentlich? – Netzwerkstandort festlegen

Abhängig davon, in welchem Bereich sich der gewünschte WLAN-

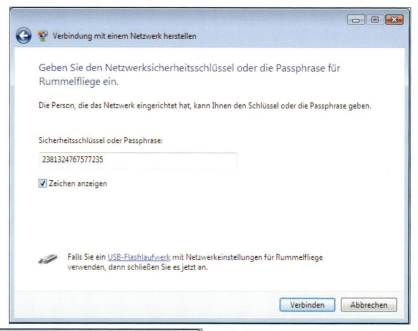

Abb. 6.15 – Nach der Eingabe des Sicherheitsschlüssels stellen Sie per Klick auf *Verbinden* die Verbindung zum WLAN-Router her.

Router befindet, konfigurieren Sie den Netzwerkstandort. Damit können Sie unterschiedliche Einstellungen für verschiedene Netzwerkstandorte speichern. Mithilfe des Netzwerkstandorts weiß Windows, ob die anderen Geräte, die sich mit

Abb. 6.16 – Damit Sie nicht immer die gleichen Konfigurationsschritte durchlaufen müssen, wenn Sie eine WLAN-Verbindung herstellen, sollte in diesem Dialog das Häkchen bei *Dieses Netzwerk speichern* gesetzt werden.

6.3 Mit dem Notebook im drahtlosen Netzwerk

Ihrem Notebook im gleichen WLAN-Netz befinden, vertrauenswürdig sind oder nicht. Möchten Sie beispielsweise eine WLAN-Verbindung zum heimischen WLAN-Router nutzen und mit einem anderen PC Daten austauschen oder einen gemeinsamen Drucker nutzen, ist der Standort *Zu Hause* die richtige Wahl.

Gerade wenn Sie ein ungesichertes WLAN-Netzwerk betreten, sollten Sie den Netzwerkstandort *Öffentlicher Ort w*ählen, da hier das Risiko groß ist, dass sich noch andere Geräte im gleichen Netz-

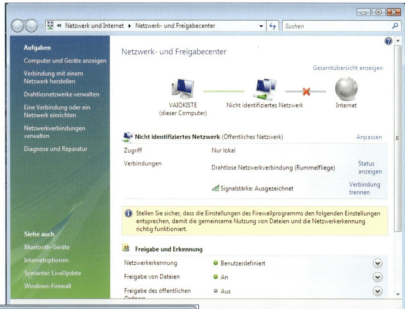

Abb. 6.17 – Mangels eingerichteter Internetverbindung im WLAN-DSL-Router ist hier die Internetverbindung unterbrochen.

werk tummeln. Mit dieser Einstellung lässt die Windows-Firewall anschließend aus Sicherheitsgründen keinen Zugriff auf Ihr Notebook bzw. Ihre eingerichteten Freigaben zu. Anschließend klicken Sie im Startmenü auf *Verbindung herstellen*.

Abb. 6.18 – Bei einem fremden WLAN-Router, einer ungesicherten, unverschlüsselten WLAN-Verbindung oder in einem Internetcafé nutzen Sie den Netzwerkstandort *Öffentlicher Ort.*

6.3 Mit dem Notebook im drahtlosen Netzwerk

Die Konfiguration des Netzwerks ist abgeschlossen und steht auch nach einem Neustart wieder zur Verfügung. Im nächsten Schritt sollten Sie das Notebook auf mögliche Freigaben im Windows-Netzwerk untersuchen. Nach jeder Windows-Installation sind standardmäßig Freigaben eingerichtet, auch wenn diese nicht auf Anhieb zu erkennen sind. Eine Freigabe ist im Prinzip nichts anderes als ein Verzeichnis oder gar ein Laufwerk, das netz-

Abb. 6.19 – Per Klick auf die *Schließen*-Schaltfläche ist die Einrichtung des Netzwerkstandorts abgeschlossen.

werkweit für andere Anwendungen oder Benutzer zur Verfügung steht.

Die Einstellung von *Datei- und Druckerfreigabe für Microsoft-Netzwerke* sowie *Client für Microsoft-Netzwerke* ist für die Sicherheit nach außen enorm wichtig. Beides darf grundsätzlich niemals direkt an der Netzwerkschnittstelle, die für den Internetzugriff sorgt, aktiviert sein, sonst können Fremde Ihre Daten auf dem Rechner ausspionieren. Die Dateifreigabe aktivieren Sie nur dann, wenn Sie im lokalen Netz Dateien austauschen möchten, nicht aber im Internet. Gute DSL-Router unterbinden Netbios-Verbindungen in das Internet, die für die Datei- und Druckerfreigabe zuständig sind.

Abb. 6.20 – Der schnellste Weg zur WLAN-Verbindung unter Windows Vista.

6.3 Mit dem Notebook im drahtlosen Netzwerk

Windows-Alternative – herstellerspezifische Software

Beim Einsatz der herstellerspezifischen Software nutzen Sie den Konfigurationsassistenten des Herstellers. Nach dem Start werden die Einstellungen der Netzwerkkarte angezeigt. Dort werden, ähnlich wie bei der Windows-eigenen Lösung, die verfügbaren WLAN-Netzwerke aufgeführt.

Wählen Sie die herstellerspezifische Lösung, ist beim erstmaligen Einsatz der Hilfe-Assistent empfehlenswert, der die notwendigsten Einstellparameter abfragt.

Per Klick auf die *Weiter*-Schaltfläche kommen Sie zum nächsten Schritt, bei dem umgehend die nä-

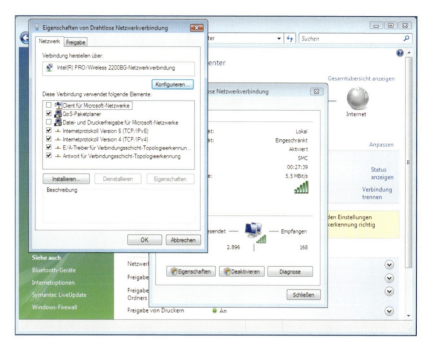

Abb. 6.21 – Mehr Sicherheit: Hier sollten der *Client für Microsoft-Netzwerke* sowie die *Datei- und Druckerfreigabe für Microsoft-Netzwerke* abgeschaltet werden, falls das Notebook in einem öffentlichen WLAN unterwegs ist.

here Umgebung nach verfügbaren drahtlosen Netzwerken gescannt wird.

Anschließend klicken Sie auf die *Weiter*-Schaltfläche. Der Assistent findet zu den verfügbaren WLAN-Netzwerken automatisch die entsprechenden Netzwerkparameter. So merkt beispielsweise der Assistent, ob eine WLAN-Verschlüsselung aktiv ist oder nicht.

Nun geben Sie den im WLAN-Router konfigurierten WPA2-Schlüssel ein. Nutzen Sie die sicherste Verschlüsselung (derzeit WPA2) über das Funknetz, auch wenn es etwas Zusatzaufwand bei der Installation darstellt. Allerdings müssen alle Geräte diesen Standard unterstützen.

Abb. 6.22 – Nach der Installation der Treiber können Sie festlegen, ob Sie den Netgear-Verbindungsassistenten oder die in Vista eingebaute Netzwerkkonfiguration nutzen möchten.

6.3 Mit dem Notebook im drahtlosen Netzwerk

Ist das Passwort eingetragen, speichern Sie im nächsten Schritt die Einstellungen und nehmen die Verbindung zum WLAN-Router auf.

Abb. 6.23 – Einfacher per Einrichtungsassistent: Lassen Sie sich schrittweise durch die Konfiguration führen.

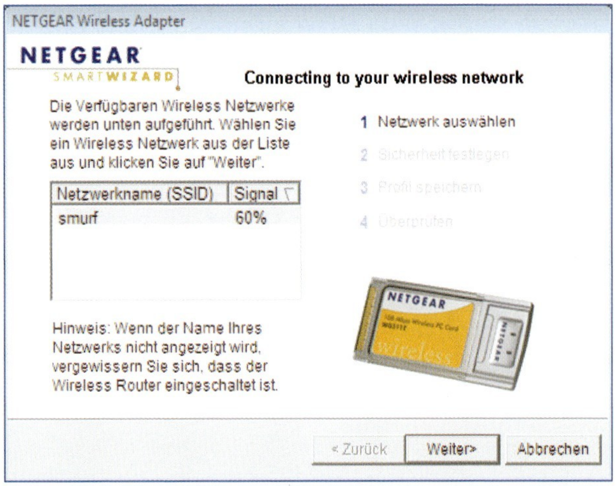

Abb. 6.24 – Bei einer Netgear-Karte werden im Bereich *Netzwerkname (SSID)* die verfügbaren WLAN-Netzwerke angezeigt. Haben Sie die SSID-Rundumsendung beim WLAN-Router eingeschaltet, wählen Sie hier Ihren WLAN-Router aus und klicken auf *Weiter*.

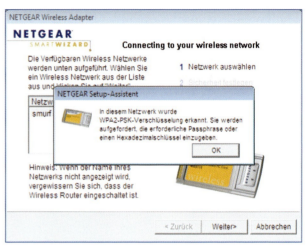

Abb. 6.25 – Das erkannte Netzwerk ist mit der WPA2-PSK-Verschlüsselung abgesichert.

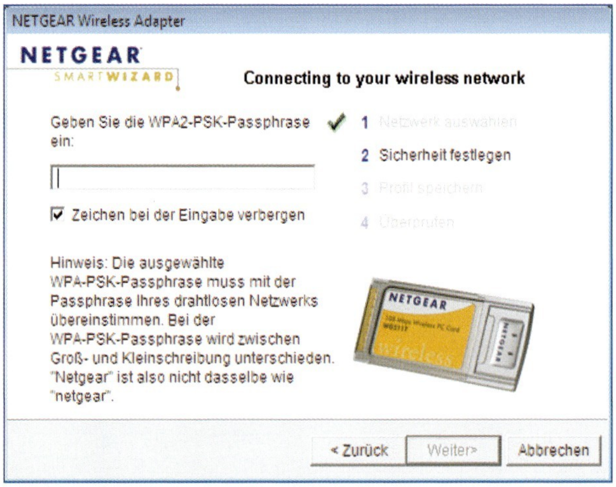

Abb. 6.26 – Bitte mit Passwort: Nur mit dem richtigen Key ist der Zugang zum erkannten WLAN-Netz möglich.

6.4 Kein Internet unterwegs? – Surfen mit Handy und Notebook

Wer mobil in das Internet möchte, war lange auf das langsame GPRS-Verfahren angewiesen. Doch seit Anfang 2005 ist UMTS auf dem Vormarsch. Die großen Mobilfunkbetreiber bauen sukzessive das schnelle UMTS-Netz aus und lösen mit dem Einbau neuer UMTS-Router das veraltete GPRS ab. Der UMTS-Ausbaugrad hinkt in Deutschland immer noch etwas hinterher. Zuerst werden die Ballungszentren sowie Städte und ihre Speckgürtel versorgt. Bis UMTS in der letzten Ecke verfügbar ist, wird es also noch etwas dauern.

UMTS (Universal Mobile Telecommunications System) wird auch als die dritte Generation des Mobilfunks (3G) bezeichnet und leistet theoretische Übertragungsraten von bis zu 2 MBit/s. Derzeit bieten Netzbetreiber wie O2 und Vodafone eine Bandbreite von bis zu 384 kBit/s, also die Hälfte eines langsamen DSL-Anschlusses mit 768 kBit/s. Daher ist ein Internetzugang via UMTS für jene interessant, die mobil im Internet unterwegs sein möchten oder aufgrund des Wohnorts noch auf langsame ISDN- oder Analoganschlüsse angewiesen sind.

Während in der Vergangenheit fürs Surfen via UMTS eine PCMCIA-UMTS-Card-Lösung zwingend notwendig war, lässt sich heute die Investition der teuren PCMCIA-Karte sparen. Voraussetzung ist allerdings, dass sowohl das Notebook als auch das Handy über Bluetooth kommunizieren können. Bietet das Notebook keinen integrierten Bluetooth-Anschluss, lässt sich dieser einfach mit einem Bluetooth-USB-Stick für nicht mal 20 Euro nachrüsten.

So haben Sie zusammen mit Ihrem Handy eine flexible Lösung für unterwegs. Ideal also, wenn Sie oft per Bahn unterwegs sind oder im Hotel bzw. Flughafen die Zeit nutzen möchten, um Ihre E-Mails zu checken, online zu gehen und zu surfen, auf das Firmennetz zuzugreifen oder einfach im Urlaubshotel den Lieben zu Hause ein schönes Foto zukommen zu lassen. Mit dieser Lösung haben Sie unterwegs den Komfort eines mobilen Büros.

Bluetooth-Verbindung für UMTS einrichten

1. Grundvoraussetzung ist natürlich, dass der Bluetooth-Treiber unter Windows Vista installiert ist und sich im Geräte-Manager keine Ausrufezeichen oder Treiberkonflikte etc. verbergen. Öffnen Sie über die *Systemsteuerung* im Bereich *Netzwerk und Internet* den Eintrag *Bluetooth-Geräte*.
2. Im darauffolgenden Dialog werden sämtliche bereits mit dem Notebook verbundenen Bluetooth-

Abb. 6.27 – Zunächst richten Sie das Handy über die Systemsteuerung ein. Dafür steht im Bereich *Netzwerk und Internet* die Option *Bluetooth-Geräte* zur Verfügung.

6.4 Kein Internet unterwegs? – Surfen mit Handy und Notebook

Abb. 6.28 – Einfach auf *Hinzufügen* klicken, um den Verbindungsassistenten für Bluetooth-Geräte zu starten.

Abb. 6.29 – Achten Sie in diesem Dialog darauf, dass das Häkchen bei *Gerät ist eingerichtet und kann erkannt werden* gesetzt ist.

Geräte angezeigt. Hier klicken Sie auf *Hinzufügen*, um ein UMTS-Handy mit dem Notebook zu verheiraten.

3. Anschließend erscheint ein Verbindungsassistent für Bluetooth-Geräte. Beachten Sie, dass im Handy nicht nur die Bluetooth-Verbindung aktiviert sein muss, sondern das Handy auch als sichtbar in der Bluetooth-Konfiguration geschaltet ist. Ist dies erledigt, klicken Sie im nachfolgenden Dialog auf die *Weiter*-Schaltfläche, um zum nächsten Konfigurationsschritt zu gelangen.

Nun dauert es einen kurzen Moment, da das Notebook nach Bluetooth-Geräten in seiner näheren Umgebung sucht.

Neue Vista-Bekanntschaft – Handy hinzufügen

Ist die Bluetooth-Funktion im Handy aktiv und ist es als sichtbar geschaltet, erscheint das Handy im Auswahldialog, hier ein Sony Ericsson K800i. Falls nicht, können Sie die Suche per Klick auf *Erneut suchen* wiederholen.

Damit nicht jeder ungefragt die Bluetooth-Schnittstelle des Handys nutzen darf, bieten moderne Blue-

Abb. 6.30 – Markieren Sie mit der Maus das gefundene Gerät – erst dann ist die *Weiter*-Schaltfläche aktiv.

6.4 Kein Internet unterwegs? – Surfen mit Handy und Notebook

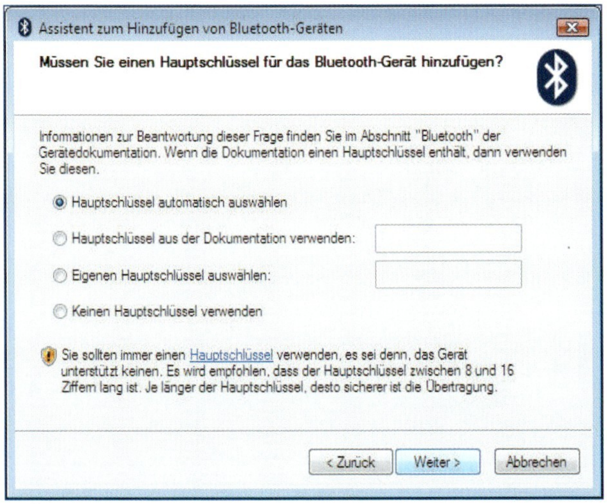

Abb. 6.31 – Klappt fast immer – die Option *Hauptschlüssel automatisch auswählen* ist für moderne Bluetooth-Handys die richtige.

Abb. 6.32 – Mit dem Hauptschlüssel wird die Bluetooth-Verbindung des Notebooks beim Handy identifiziert.

tooth-Geräte eine Sicherheitsabfrage, die auf beiden Geräten übereinstimmen muss, um eine Kommunikation möglich zu machen. Der einfachste Weg ist die erste Option *Hauptschlüssel automatisch auswähle* In diesem Fall generiert der Windows Vista-Verbindungsassistent einen zufälligen Zahlenschlüssel, der anschließend über die Handy-Tastatur einzutragen ist.

Doch abhängig vom verwendeten Handy-Modell und der Bluetooth-Revision kann es hier vorkommen, dass der Schlüssel nur eine bestimmte Länge haben darf oder vom Handy selbst ausgegeben wird. Wie auch immer, dieser lässt sich im Bereich *Eigenen Hauptschlüssel auswählen* selbst festlegen. Lässt das Handy nur eine Verbindung ohne Hauptschlüssel zu, wählen Sie Keinen *Hauptschlüssel auswählen*.

Anschließend generiert der Verbindungsassistent einen Hauptschlüssel, der nach einer etwaigen Verbindungsanfrage am Handy bestätigt werden muss. Dafür tippen Sie einfach den Zahlencode, den der Verbin-

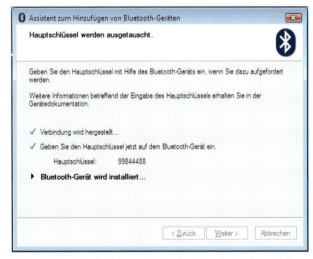

Abb. 6.33 – Nach diesem Schritt ist der schwierigste Teil der Bluetooth-Konfiguration unter Windows Vista abgeschlossen.

6.4 Kein Internet unterwegs? – Surfen mit Handy und Notebook

dungsassistent wie in Abbildung 6.33 zu sehen, generiert hat, per Handy-Tastatur ein.

Ist der Hauptschlüssel auf dem Handy eingetragen, dauert es einen kleinen Moment, und die Übertragungsparameter werden ausgetauscht. Anschließend sind beide Geräte gegenseitig bekannt.

Nun können Sie via Handy den PC steuern und beispielsweise das Handy als Fernbedienung für eine PowerPoint-Präsentation nutzen und vieles mehr. Der wesentliche Einsatzzweck – das Surfen im Internet – benötigt noch einen wichtigen Treiber.

Treiber installieren – Handy als UMTS-Modem

Um ein Bluetooth-Handy als Netzwerkschnittstelle unter Windows Vista nutzen zu können, ist ein Modemtreiber notwendig, der in der Regel von Windows Vista automatisch installiert wird.

Nach einem kurzen Moment meldet der Verbindungsassistent Vollzug. Der Treiber ist installiert.

Nun sind die Grundlagen gelegt, um per Handy dem Notebook einen Internetzugang zur Verfügung zu stellen. Doch wie bei DSL- oder ISDN-/Analog-Verbindungen auch, ist hier eine eingerichtete Verbindung mit Benutzername und Passwort sowie eine providerabhängige Konfiguration nötig, um per Notebook eine Internetverbindung über das Handy nutzen zu können.

Bluetooth-Netzwerkverbindung erstellen

Egal ob Sie bei T-Mobile, Vodafone, O2 oder bei wem auch immer den Handy-Vertrag haben, je nach Provider ist die Konfiguration der Internetverbindung grundsätzlich gleich. Klicken Sie im nachstehenden Dialog auf den Link *Eine Verbindung oder ein Netzwerk auswählen*.

Da ein UMTS-Handy in der Regel auch ein virtuelles Modem für das Betriebssystem zur Verfügung stellt, nutzen Sie hier logischerweise die Option *Wählverbin-*

Abb. 6.34 – Hier wählen Sie die erste Option *Treibersoftware suchen und installieren (Empfohlen)* aus, damit Windows Vista den passenden Modemtreiber für das über Bluetooth verbundene Handy installieren kann.

Abb. 6.35 – Nach dem Klick auf *Fertig stellen* ist die Bluetooth-Verbindung erstellt und der notwendige Modemtreiber für das Handy installiert.

6.4 Kein Internet unterwegs? – Surfen mit Handy und Notebook

Abb. 6.36 – Um eine neue Verbindung für Internet & Co. unter Vista einzurichten, nutzen Sie den Verbindungsassistenten, der sich über den Link *Eine Verbindung oder ein Netzwerk auswählen* starten lässt.

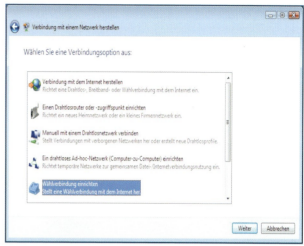

Abb. 6.37 – Ähnlich wie ein Analogmodem früherer Tage wird ein UMTS-Handy unter Vista eingerichtet.

dung einrichten, mit der sich eine Einwahlverbindung einrichten lässt.

Ist im Notebook bereits ein integriertes Analogmodem verbaut, stehen im Nachfolgenden mehrere Modems zur Auswahl. Hier wählen Sie natürlich den Eintrag *Standardmäßige Modem-über-Bluetooth-Verbindung* aus.

Anschließend benötigt der Verbindungsassistent ein paar Parameter, um überhaupt später eine Internetverbindung aufbauen zu können. Im nachfolgenden Dialog sind die passenden Parameter für den UMTS-Zugang über T-Mobile eingetragen. Hier heißen Benutzername und Passwort jeweils *tm*. Paradoxerweise muss bei T-Mobile irgendein Benutzername samt Passwort eingetragen werden, was Sie dafür nutzen, steht Ihnen frei.

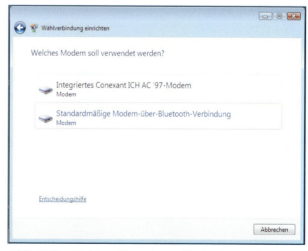

Abb. 6.38 – Nicht zu übersehen – für die Bluetooth-Verbindung ist die zweite Option die richtige.

6.4 Kein Internet unterwegs? – Surfen mit Handy und Notebook

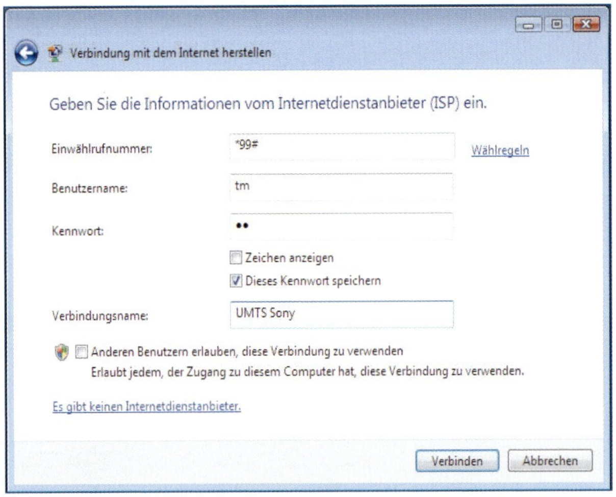

Abb. 6.39 – Die Einwahlnummer für den GPRS/UMTS-Datendienst lautet *99#. Zu guter Letzt tragen Sie in diesem Dialog einen aussagekräftigen Namen für die Verbindung ein. Mit dieser Bezeichnung ist der Bluetooth-/UMTS-Zugang später in den Netzwerkverbindungen unter Windows Vista zu finden.

Abb. 6.40 – Nach einem kurzen Moment wird über Vista eine Verbindung über das Handy in das Internet hergestellt.

Grundsätzlich sind die wichtigsten Parameter für den Internetzugang bereits im Handy selbst konfiguriert. Doch der Vista-Assistent benötigt diese Angaben auch, beispielsweise die Einwahlnummer für den GPRS/UMTS-Datendienst (*99#), die bei allen Providern gleich ist. Die Tabelle zeigt die wichtigsten Provider auf einen Blick:

Internet	T-Mobile	Vodafone	E-Plus	O2
Einwahlnummer	*99#	*99#	*99#	*99#
Benutzername	tm		eplus	
Passwort	tm		gprs	
APN oder: internet.t-d1.de	internet.t-mobile	Web.vodafone.de	internet.eplus.de	surfo2
Primärer DNS-Server	193.254.160.001	139.7.030.125	212.023.097.002	062.134.011.004
Sekundärer DNS-Server	-	139.7.030.126	212.023.097.002	195.182.110.132

6.4 Kein Internet unterwegs? – Surfen mit Handy und Notebook

Abb. 6.41 – Der Assistent überprüft nun die Modemkonfiguration des Handys.

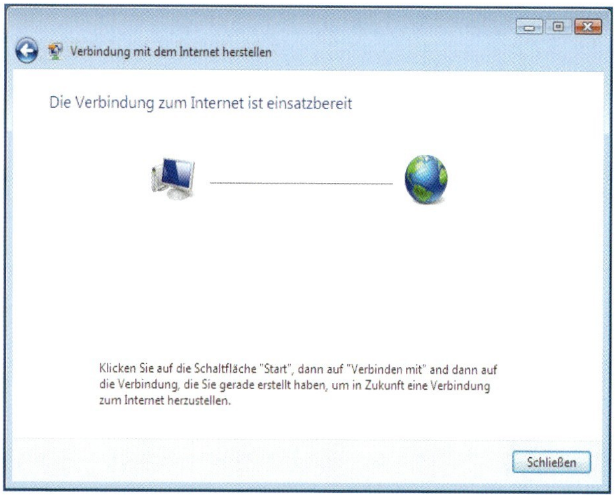

Abb. 6.42 – Per Klick auf *Schließen* beenden Sie den Verbindungsassistenten von Windows Vista.

Welche Parameter für den Zugang in das Internet im Handy noch notwendig sind, können Sie im Handbuch des Handys nachlesen. Geräte vom Provider sollten jedoch auf Anhieb funktionieren, da sie bereits in Sachen Interneteinstellungen vorkonfiguriert sind. Klicken Sie nun auf die *Verbinden*-Schaltfläche, um die konfigurierten Parameter zu testen.

Je nach Handy-Modell muss der Verbindungswunsch noch beim Handy bestätigt werden. Anschließend kann die Internetverbindung aufgebaut werden.

Nach einem kurzen Augenblick meldet der Verbindungsassistent nun Vollzug. Im Idealfall ist die Internetverbindung umgehend einsatzbereit. Im Fehlerfall überprüfen Sie nochmals die Internetparameter des Handys.

Wie bei einer WLAN-Verbindung auch, so konfigurieren Sie im nächsten Schritt den Netzwerkstandort.

Abb. 6.43 – Nicht lange nachdenken, sondern nur auf den Netzwerkstandort *Öffentlicher Ort* klicken.

6.4 Kein Internet unterwegs? – Surfen mit Handy und Notebook

Netzwerkstandort festlegen

Eine Bluetooth-Verbindung ist quasi nichts anderes als ein großes, ungesichertes WLAN-Netzwerk. Aus diesem Grund legen Sie hier für den Netzwerkstandort *Öffentlicher Ort* fest, damit die Windows-Firewall keinen Zugriff auf das Notebook bzw. dessen eingerichtete Freigaben zulässt.

Das war's. Nun haben Sie das Handy mit dem Notebook verheiratet und können unterwegs via Handy das Internet auf Ihrem Notebook nutzen.

Im nächsten, abschließenden Schritt verwenden Sie nun die UMTS-Verbindung des Handys, um mit dem Notebook im Internet zu surfen.

Einfach per Mausklick – ab ins Internet

Die Bluetooth-/UMTS-Verbindung ist im gleichen Dialog untergebracht wie die drahtlosen WLAN-Netzwerke und über das Startmenü und *Verbindung herstellen* zu erreichen. Wählen Sie die eingerichtete Verbindung in der Liste aus und klicken Sie auf die Schaltfläche *Verbinden*.

Nun können Sie im Internet surfen, E-Mails abrufen und vieles mehr. Aus Kosten- und Geschwindigkeitsgründen sollten Sie in dieser Zeit das Herunterladen von größeren Programm- und Windows-Updates vermeiden und gegebenenfalls deaktivieren. Je nach Provider wird beim erstmaligen Start des Webbrowsers noch eine kleine, aber oft wirkungsvolle Konfiguration vorgenommen.

Nach dem Surfen im Internet beenden Sie händisch die Verbindung per Klick auf *Trennen* im obigen Netzwerkdialog. Damit haben Sie die Gewissheit, dass die UMTS-Verbindung auch wirklich beendet wurde, da das Schließen des Webbrowsers oder des E-Mail-Programms auf die Netzwerkverbindung keinen Einfluss hat.

Abb. 6.44 – Ist der Netzwerkstandort festgelegt, ist die Bluetooth-/UMTS-Konfiguration unter Windows Vista abgeschlossen.

Abb. 6.45 – Ist die Verbindung erfolgreich aufgebaut, starten Sie die gewünschte Anwendung – beispielsweise den Webbrowser zum Surfen.

Stichwortverzeichnis

.NET Framework 60

A
Acronis True Image 14
　Installation 14
Advanced Bios Features 101
AES-Verschlüsselung 95
Akku 10, 27
　Pflege 57
　richtig zykeln 57
　wechseln 56
　Wellness 57
Akkupflege 57
Akkuschmarotzer 111
Anschlüsse 30
APM 108
Apple 9
Arbeitsgruppe 120
Arbeitsgruppenname 120
Arbeitsspeicher 10
　aufrüsten 33
　einbauen 36
　Module mischen 35
　nachrüsten 28
　Notebook-RAM 34
　S0-DIMMs 35
Aufrüstmethode 10
Aufrüstarbeiten 23
Ausschlachten 23
Austauschgerät 23

B
Backup anfertigen 14
BD / HD DVD Advisor 54
BIOS 109, 110
Bitlocker 16

Bluetooth 149, 156
　Netzwerkverbindung
　　erstellen 152
Bluetooth-Handy 152
　Modem 152
Blu-ray 10, 54
　Backup 71
　Laufwerk 54
　taugliche Software 55

C
CAS Latency 34
CD-/DVD-Brenner 10
Client für Microsoft-Netzwerke 146
CrystalCpuid 114
CyberLink 55

D
Datei- und Druckerfreigabe für
　Microsoft-Netzwerke 146
Dateifreigabe 124
Daten synchronisieren 117, 129
Datenblätter 11
Daten-GAU 13, 14
Datenrettung 101
Datenübernahme nach Vista 80
Datenumzug 86
DDR-Speicher 34
Defragmentierung 66
Dell 9
DHCP
　ausschalten 133
　DHCP-Server 46
Digitalkamera 26
Display tauschen 52

Display-Schaden 23
Drahtloses Netzwerk
　einrichten 136
DSL 152
Dump-Dateien 66
DVD-Laufwerk 23

E
eBay 23
Enhanced for ReadyBoost 100
Ersatzteile 23
Externe USB-Festplatte 42

F
FAT16 86
FAT32 19, 86
　Dateigröße 19
Festplatte 23
　als externe USB-Platte 41
　ausbauen 39
　beschleunigen 66
　einsetzen 41
　entfernen 40
　entrümpeln 64
　externe als
　　Sicherungsmedium 84
　Image 44
　NTFS formatieren 86
　P-ATA/S-ATA 44
　schlafen legen 111
　sichern 16
　Speicherplatzfresser 63
　vom Mainboard abziehen 40
Festplattenimage 44
Firewall und Portsecurity
　aktivieren 134

Stichwortverzeichnis

First Boot Device 101
Flachbandkabel 52
Flachzange 31
Flashfestplatten 94
Flashspeicher 96
FPC-Kabel 40
Freigaben 124
Fujitsu-Siemens 9

G

Gehäuse
  Boden entriegeln 28
  Gehäuseabdeckung 28
  Oberschale entfernen 30
  öffnen 25
  Schrauben 29
GPRS 149, 154
Gumminoppen 29

H

Handbücher besorgen 11
Handy-Tastatur 152
Hauptschlüssel 151
HD-DVD 10, 54
  taugliche Software 55
Hibernate-Modus 110

I

IBM/Lenovo 9
iBook 24
iBook G4 24
Intel Centrino 115
InterVideo 55
ISDN 152

K

K800i 150
Kabellose Netzwerke 131
Kamera 53
Klebestreifen 26
Komplettsicherung 16
Kreuzschlitzschrauben 28
Kurzschluss 52

L

Lautsprecher 30, 53
Lautstärkeregelung 53
LCD-Bildschirm 111
LCD-Display 53
Lenovo 9

M

MAC-Adresse einrichten 133
Mainboard 10, 23, 109
  austauschen 51
  Ersatz 51
  montieren 51
  wechseln 51
Media Builder-Assistent 15
Micro-DIMM 25, 36
Microsoft 17
Mikrofon 53

N

Nero 55
Netzteil 109
Netzteilstecker 27
Neuinstallation 15
Non-Parity-Bit 35

Notebook
  auf Vista umsteigen 59
  aufrüsten 9, 10, 23
  ausschlachten 23
  Festplatte sichern 14
  HD-Tauglichkeit 54
  Möglichkeiten zum Aufrüsten 9
  Neuinstallation 15
  öffnen 26
  Prozessor 110
  Vista-tauglich 60
Notebook-RAM 34
NTFS 19, 86

O

O2 149, 152
Ordnerfreigabe 124
Outlook 17
  entrümpeln 68
Outlook Express 17

P

Parity-Bit 35
Partnerschaft anlegen 128
Passwort-Safe 103
PCMCIA/PC-Card 10
ping, Befehl 119
Pinzette 26, 31
Power-Management 107
  konfigurieren 112
Provider-Handy 152

R

RAM 33
  RAM-Typen 28

Stichwortverzeichnis

RAM-Module
  freilegen 36
ReadyBoost 93
  Cache 94
  einrichten 97
ReadyDrive 94
Registry ausmisten 67
Rettungs-CD 45
Rettungsdatenträger 15
Router-Standardpasswort
  ändern 133
Roxio 55

S

S0-DIMM 25, 35
Schalter 30
Schrauben 29
Schraubendreherset 26
Secure Desktop 76
Service Pack 82
Service Set Identifier 139
Servicehandbuch 12
Sicherheitsabfrage
  Bluetooth 151
Sicherungsdatei 20
SMART 84
Sony 9
Sony VAIO 74
  Modellbezeichnung patchen 77
  Treiber besorgen 74
  Treiber installieren 74
  UAC deaktivieren 75
Speicherbänke 33
Speichermodule

DDR2 34
DDR266 35
DDR333 35
DDR-Speicher 34
S0-DIMMs 35
Speicherplatzfresser finden 63
SSID 139, 148
  ändern 134
  Rundumsendung 148
Standby-Modus 108
Stecker 52
Steckverbindungen lösen 31
Stromkabel 52
Stromverbrauch senken 108
Surfen 149

T

Tastatur 10
  entfernen 27
  Steckpfosten 28
  Verriegelung 27
Temporäre Dateien 66
Thunderbird entrümpeln 68
T-Mobile 149, 153
Torx-Schrauben 26
Touchpad 31
Treiber 109
True Image Home 17
TX8 26

U

UAC 75
UDF-2.5-Dateisystem 72
Umrüstarbeiten 23

UMTS 131, 149
  Datendienst 154
  Einwahlnummer 154
  Modem 152
  Übertragungsrate 149
  Verbindung 156
Universal Mobile
  Telecommunications
  System 149
USB, USB-Stick 94
USB-Festplatte 18
USB-Flashlaufwerk 10
USB-Gehäuse 42
USB-Stick 101
USB-WLAN-Stick 135
User Access Control 75

V

VAIO-Notebook 74
  Modellbezeichnung patchen 77
  Treiber besorgen 74
  Treiber installieren 74
  UAC deaktivieren 75
Vista
  auf Vista umsteigen 59
  Bitlocker 17
  Business 16
  Enterprise 17
  mit USB-Stick
    beschleunigen 93
  Treiber besorgen 60
  Ultimate 17
  Upgrade 60
  Upgrade Advisor 60

Stichwortverzeichnis

Vista-Installations-DVD 60
Vodafone 149, 152

W
WEP 141
WEP-/WPA-PSK-/WPA2-
  Verschlüsselung 133
Windows Vista Upgrade Advisor
  61
Windows-Auslagerungsdatei 66
Windows-Freigaben 119
  einrichten 119
Windows-Mobilitätscenter 128
Windows-Registry 80
WLAN 131
  einrichten 136
  herstellerspezifische
    Software 146
Netzwerkstandort 144
SSID 139
USB-Stick 135
WEP 138
WPA2 141
WLAN-Router 133
WPA 141
WPA2-AES 141
WPA-PSK 141